一生感謝
365日

ジョン・クゥアン 著

January
February
March
April
May
June
July
August
September
October
November
December

小牧者出版

感謝は生きている人の義務である

　感謝とは、どのような人がするものだろうか？
　頭の良い人、お金持ちの人、健康な人、権力を持っている人、外見の良い人……すべてを持っている人が感謝をするように思えるが、周りを見渡してみるとそうではない。
　感謝は、悟った人ができることである。簡単に言うと、成熟した人が感謝するのである。
　大人になるということは、簡単ではない。特に男性は、死ぬ間際になってやっと大人になると言われている。年を重ねたからといって大人になるのではない。しかし、神の恵みを受けると、人は早く成熟する。
　恵みは謙遜な人、心の貧しい人、悟っている人に与えられる、神からの賜物である。
　悟った人だけが、「私が今の私であることは、神様の恵みによるものだ」「神様の下さったすべての恵みに、どのようにお返しすることができるだろうか」という感謝の告白をすることができる。

　感謝は、悟っている人だけが見つけることのできる隠された宝物である。鉱山から、金や銀、鉄や銅などを発掘するように……
　金と銅は一見似ているが、その価値の違いは大きい。ウラニウムとレアアースはとても稀少で、それを巡って国同士が争うほどである。発掘するものによって値打ちが異なるように、私たちの人生も、何を追求して

生きるかによって全く異なる人生を歩むようになるのである。

　人は皆、幸せを願う。しかし、幸福の鍵がどこに隠されているのかを見つけることができない。幸福の鍵は特別なところに隠されているのではなく、平凡な日常の至るところに置かれている。そのため、悟っていない人は、無頓着に見過ごしてしまうのである。

　知恵深い人とは、平凡な日常、些細なことに感謝する人である。
　人生の最高峰は、感謝を発見することである。幸福の鍵は、感謝であるからだ。
　引き寄せの法則によれば、いつも考え、言葉で言い表していることが現実になるのだという。感謝は、私たちの周りの良いものを引き寄せる磁石のようなものだ。砂の中に埋もれている鉄を探すためには、磁石を砂の中に置けば良い。そうすれば、すべての鉄が磁石に張りつく。これと同じで、感謝は、私たちの周りの良いものを引き寄せる驚くべき力がある。
　朝、目を覚まして周りを見渡すなら、感謝することがどれほど多いことだろう。感謝の眼鏡をかけて周りを見るなら、感謝できないことなどない。この世に生きていることに感謝。神の子どもとして大手を振って生きることができることに感謝。本書を通して365日毎日感謝する読者に会えることに感謝する。至るところで人生が感謝に染まる幸福な読者がたくさん起こされることを願いつつ……

　　　　　　　　　　　ブッカン山のふもとの感謝書房にて
　　　　　一生感謝　牧師ジョン・クゥアン

悟った分だけ感謝することができ
感謝する分だけ幸せになることができる

毎日感謝する人生の12カ条

　アメリカに「キリスト連合教会」というキリスト教団がある。この教団では、一日に12回感謝するという。一日に12回感謝するなら、私たちの人生は幸福で満たされたものになるだろう。

1. 朝起きて…新しい日を与えてくださったことに感謝
2. 朝食…食事を準備してくれた妻の真心と労苦に感謝
3. 職場へ向かいつつ…健康が与えられ、仕事に行けることに感謝
4. 職場で…仕事という喜びがあることに感謝
5. 批判された時…チャレンジを与えてくださり感謝
6. ほめられた時…充足感に感謝
7. 昼食…話をする同僚を与えてくださったことに感謝
8. 一日を終えて…小さな達成感に感謝
9. 夕食…共に食事をする家族が与えられていることに感謝
10. 新聞、テレビ、本を読みながら…余暇を与えてくださったことに感謝
11. ベッドで…一日を導いてくださった恵みに感謝
12. 夢の中で…いのちを与えてくださった恵みに感謝

2

幸運と不運

　難破して漂流の末に無人島にたどりついたロビンソン・クルーソーは、毎日の生活をノートに記録した。
　「私が寂しい島に打ち上げられたことは不運だったが、海で溺れて死ななかったことは幸運なことであった。
　私が人間社会から追放されたことは不運だったが、飢え死にしなかったことは幸運なことであった。
　服がないことは不運だったが、服が必要ないほど気候が暖かいことは幸運なことであった。私に身を守る道具がないことは不運だったが、私を襲う野獣がいないことは幸運なことであった。
　話し相手がいないことは不運だったが、神様とだけ交わることができることは幸運なことであった。
　難破して航海を続けることができないのは不運だったが、難破した船が海岸近くに打ち上げられ、必要なものを手に入れることができたことは幸運なことであった」
　クルーソーは、幸運と不運をすべて列挙した後、この世には否定的なことであれ、肯定的なことであれ、悲惨すぎて感謝できないというものは何もないという結論に達した。

幸せな一日

　本当の幸せは、感謝を抱いた心から湧き出てくるものだ。
　ギプソン博士は、彼が書いた『Happiness…:Day and Night』（幸せな一日：未邦訳）という本の中でこのように語っている。
　「あなたが、どれほど多くのものを手に入れたかということは、あなたの幸せと何の関係もない。心の中に感謝がないなら、あなたは破滅のオールを漕いでいるのである。他のことを学ぶより、まず感謝することを学びなさい。感謝のすべを学ぶ時、あなたは初めて幸せになれるのだから」

　これは、感謝と幸せの相互関係をよく表している言葉である。幸せは、どれほど多くのものを所有しているかによって決まるのではない。心の奥でどれほど感謝しているかによって決まるのである。海水をいくら飲んでも、渇きをいやすことはできない。多くのものを所有すればするほど、さらに多くのものを手に入れようと欲ばかりが増していく。感謝だけが本当の幸せを与えてくれるのである。

感謝する心

　地球上の人口を、100名の村に縮小すると、次のようになる。

- 57人はアジア人、21人はヨーロッパ人、14人はアメリカ人、8人はアフリカ人
- 52人は男性、48人は女性、70人はノンクリスチャン、30人はクリスチャン
- 80人は劣悪な環境のもとに暮らしており、70人が文盲、50人が栄養失調
- 1人だけが大学教育を受けたことがあり、1人だけがコンピュータを所有している

　このように考えてみると、大学教育を受け、コンピュータを持っているなら、地球全体の人口比率で見る時、かなりのエリートということになる。これ以上、何を望むというのだろう。冷蔵庫に食料があり、着る服があり、頭の上に屋根があり、快適に寝る場所があるなら、あなたは世界の75％の人たちより裕福で恵まれている。さらに、家のどこかに小銭を入れた入れ物があるなら、あなたは最も裕福な上位8％のうちの一人である。この世には、学ぶことができず、食べることができず、寝る場所がない人々もたくさんいる。それに比べると、あなたはどれほど感謝すべきことが多い環境の中に暮らしているだろうか。

まいた通りに刈り取る

　繰り返される言葉は必ず実を結ぶ。うつ病にかかる人たちは、「もう終わりだ。私はダメだ。いらいらする。私が間違ってたんだ」というような否定的な言葉を話す習慣を持っていることが明らかになった。
　人生で、能力や才能よりもさらに重要なのは、肯定的な言語習慣である。
　「私はできる。大丈夫。うまくいくさ。感謝します」
　その人から出る言葉が、その人が成功するのに決定的な役割を果たす。感謝の言葉を語ろう。

3つの感謝

　社会学者たちの分析によると、1950年代、人間に必要な生活用品は72品、そのうち絶対に必要な物は18品だった。しかし2000年代の今は、必要な生活用品は500品であり、最低限必要な物は50品であるという。
　生活必需品と、最低限必要な物が大幅に増えた生活をしている現代人は、果たして60年前よりも幸せだろうか。むしろ感謝を知らず、不幸になってはいないだろうか。
　1690年に蒸気機関を発明したフランスの物理学者ドニ・パパンは、このように言っている。
　「私は3つのことをいつも神様に感謝している。
　1つ目は日々与えられる日ごとの糧に、
　2つ目は健康に、
　3つ目は永遠のいのちに対する希望である」

感謝は解釈である

　感謝は、与えられた条件ではなく、作られた解釈である。

　足りなくても感謝を抱く者は感謝を生みだし、豊かであっても不平を抱く者は不平を生みだす。

　感謝は、所有しているものの多さではなく、考えの大きさ、信仰の大きさに比例する。

　所有に比例して感謝する人は、所有に比例して不平を言うが、信仰によって感謝する人は、条件にかかわらず世界を幸せにし、自分自身を豊かにする。

　感謝は、神の恵みを知る人の心の実であり、神の摂理を受け入れる人の思考方式である。

　感謝する分だけ、人生は豊かで温かいものとなる。

8 毎日遠足に行く気持ちで……

　「私は、毎日会社に出勤する時、遠足に行く気分で出かけます。仕事に出かけるのではなく、遠足に行く日のように、楽しい心と希望を持って、その日の働きを思い描いてみるのです」

　ヒュンダイの故ジョン・ジュヨン名誉会長の言葉である。これを聞いたある記者が「では会長。頭を悩ませることがたくさんある日も、遠足に行くような楽しい心で出かけることができますか」と尋ねた。この質問に、ジョン会長はこのように答えた。「頭を悩ませる難しいことが山積みになっている日は、それが解決した時の喜びを思い浮かべながら出勤します」

　かつてゴーリキーも「仕事が楽しみなら、人生は極楽だ。仕事が義務なら、人生は地獄だ」と言った。「毎朝、その日の仕事に期待し、わくわくする心で目覚める人」になれたなら、人生の成功をつかんだも同然である。

1│9

家を与えてくださり感謝します

　風が吹き、雨が降って、雪が降り、さらに嵐が来たとしても、心配せずに眠れる家を与えてくださり感謝します。

　以前、人の家に居候していた時はずいぶん気を遣いましたが、今は足を伸ばしていつでも楽に休むことができる家を与えてくださり感謝します。

　また、この家に一緒に暮らす家族を与えてくださり感謝します。弱さゆえに、互いに責め合う時もありますが、笑って過ごすことの方が多い、幸せな家族を与えてくださり感謝します。家族全員が食卓を囲んで座り、豊かな食事をすることができて感謝します。この地上には空腹な人たちがたくさんいるのに、毎食心配せずに食事ができて感謝します。

　何より、この家を通して家族皆が共に楽しみ、すべてのものを神様から与えられていることを知っているゆえに、すべての感謝をささげます。感謝します、良い家、神様。

1 | 10

すべての感謝の基本

　幸せは持っているものに比例するのではなく、感謝に比例する。自分の人生のすべてのことを感謝だと感じられれば、それに比例して幸せも大きくなる。

　ではどのようなことに感謝することができるだろうか。お金をたくさん稼ぐこと、持っている不動産の値段が何倍にも跳ね上がったこと、商売がうまくいくこと、良い学校に合格したこと、就職したこと、進級したことなどは、すべて感謝する対象になる。しかし聖書は、このような感謝は誰にもできる感謝だと言っている。

　では、私たちがささげることのできる最高の感謝とは何か。

　「あなたの神、主は、あなたのただ中におられる。救いの勇士だ。主は喜びをもってあなたのことを楽しみ、その愛によって安らぎを与える。主は高らかに歌ってあなたのことを喜ばれる」（ゼパニヤ３：17）

　イエス・キリストを送ってくださったことにより、死から永遠のいのちに移されたことよりも尊く、価値のある贈り物が他にあるだろうか。だからこそ私たちは、イエス様の十字架を見上げて感謝しなければならない。これがすべての感謝の基本であり、始まりである。

人生の最高峰の感謝

　今この瞬間、自分が持っているものに感謝しなさい。
　今この瞬間、自分が享受している自由に感謝しなさい。
　お金を稼ぐことができ、音楽を聴くことができ、自由に勉強することができ、気の合う人たちと一緒に運動することができ、旅行に行くことができ、山に登ることができ、食べたいものを食べることができ、本を読みたければ好きなだけ読むことができ、文章を書きたければ思いつくまま自由に書くことができ、自転車に乗ればどこへでも行くことができるということは、どれほど感謝なことだろう。
　今この瞬間の人生に、何の条件もつけずに感謝しなさい。
　感謝で毎瞬間人生を楽しむことさえできるなら、その人は人生の最高峰にたどり着いたのである。

1│12

感謝は幸せの始まり

　感謝の始まりは幸せの始まりである。
　感謝は自分の魂をきれいにする掃除道具のようなものである。
　感謝する魂は、美しい魂となり、感謝する心は美しい。
　感謝する心は、自分を幸せにし、他人も幸せにする。
　感謝は、自分の人生をより幸せに導く良い思考の表現である。
　「感謝は、自分が置かれている特別な状態、そして神様が下さるいろいろな贈りものを注意深く、心を配って一つ一つ注目するかどうかにかかっている。それによって、自分の人生は、感謝する人だけが知ることのできる喜びと平穏と平安に満たされるようになる」
H.E. マニング

一番大きな能力は？

　感謝は、結局のところ選択である。感謝は神を喜ばせるが、不平はサタンを喜ばせる。感謝は神様のみこころであり、不平はサタンの願いである。
　「いつも落ち込んでいなさい。絶えず恨みなさい。すべてのことについて不平を言いなさい。これが、サタンがあなたがたに望んでいることです」
（サタンの書5：16～18）
　感謝を選ぶのも不平を選ぶのも、私たちの自由である。しかし、その結果は全く異なる。同じ環境にあっても、感謝しようと決めた人の人生は豊かで幸せだ。反対に、不平を言うことに決めた人の人生は、つらく不幸である。感謝は私たちの顔つきを穏やかにするが、不平は私たちの顔色を暗くする。能力の中で一番大きなものは、感謝する能力である。

14 生きていることに感謝しなさい

　セムナン教会のキム・ドンイク牧師は、がんにかかって大きな手術を受け、３年余りの闘病生活の後、天国に召された。先生が闘病生活をされながら書かれた説教文に、このようなものがある。

　「手術の後、危険な状態の中で、朝起きるとまず『神様。今朝も目を開けることができて感謝します』と祈った。この祈りしか出てこなかった」

　その通りだ。今この瞬間にも、生きていることはどれほど感謝なことだろう。愛する夫、妻が今日も病に伏したり、死に至ることなく生きていることを神様に感謝しよう。子どもたちがいのちを与えられ、健康に生活していることに感謝をしよう。勉強が少しできなくても、お金をたくさん稼ぐことができなくても、大きな権力を持てなくても、あまり親孝行でなくても、その人が生きているだけでも自分に喜びと幸せを与えてくれることを悟って感謝をしよう。

　不毛な人生で、霊的に沈滞している人たちの共通点は、彼らの生活に「感謝」という言葉が抜けているということである。

恵みを受ける力

　たとえ自分の汗と労働によって得たものだとしても、感謝する心を持たなければならない。汗を流して働くことのできる健康と職場を与えてくださる神様がおられるからである。自分が受けたものを、自分ががんばったおかげだと考えることもできるが、聖書は、恵みを受ける力さえも神様が下さったと言っている。

　そのように考えれば、すべてのことが神様の恵みであり、この世はたくさんの感謝すべきことに満ちていることだろう。

　まずは、神様が自分をこの世に送り出してくれたことから感謝すべきである。そして、人生を歩みながら、多くのものを手に入れることができなかったと不平を言うのではなく、これだけのものが与えられていることを神様に感謝すべきである。このように私たちは、すべてのことについて感謝する姿勢を持って生きなければならない。

16 家を買ってあげよう？

　ある教会に出席した新来会者に、牧師がこのように言った。
　「よくいらっしゃいました。教会に続けて来られ、イエス様を信じてください。執事の役割も与えられます。熱心に教会に来てください」
　ところがこの来会者は、牧師の言葉を、教会に熱心に通えば「家を買ってあげる」と言われたと勘違いした（訳注：韓国語で「執事」と「家」は同じ言葉のため）。
　「牧師先生。それは本当ですか。本当に家を買ってくださるのですか？」
　「もちろんです。牧師がうそを言いますか」
　貧しい彼は牧師の言葉に感動し、熱心に教会に通った。そして、1年後に洗礼を受け、3年後には教会の執事となった。ある日、その執事はついに借家でなく、自分の家を持つようになり、引っ越しを記念して礼拝をささげた。礼拝の後、彼は牧師と信徒たちの前でこのように語った。
　「牧師先生。最初に私が教会を訪れた時、イエス様を信じれば家を買ってもらえると思って、熱心に教会に通ったのですが、先生が執事の職を下さった後、本当にこのように家が与えられました。神様に感謝します」

バラの人生

　花壇の隅にバラが一輪咲いていた。しかし、どれほど不満があるのか、そのバラは目覚めるとすぐに不平で一日を始めていた。バラは、夜になると寒さと暗さで耐えられないため、居間に移してほしいと主人にねだった。主人はバラを植木鉢に移し、居間に置いてあげた。
　しかし、しばらくするとバラはまた主人に不平を言い、ここは蝶が来ないから窓際に移してほしいと言った。主人はバラを窓際に移してあげた。
　しかし今度もバラは、窓際は猫が通って嫌だから花瓶に移して寝室に置いてほしいと言った。主人はまた、バラを花瓶に入れて寝室に置いた。
　何日か後、バラはまた、主人に外の花壇に戻してほしいと言った。しかしもう根が切られていたバラはしおれており、主人はバラを取ってゴミ箱に捨ててしまった。

18

感謝村と不平村

　昔、隣り合わせの2つの村があった。一つの村は「感謝村」と言い、もう一つは「不平村」と言った。不平村の人たちは1年中、何についても不平と不満ばかり言っていた。春は黄砂でほこりが多いと不平を言い、夏は暑くて蚊が多いと文句を言い、秋には落ち葉が多いと不平を言い、冬には雪がたくさん降って寒いと不満を言っていた。

　一方、感謝村に住む人たちは、反対にどんなことにでも感謝した。苦労しても感謝し、試練に遭っても感謝した。春には花の香りを感謝し、夏には涼しい木陰を感謝し、秋には食べごろに熟れた実を感謝し、冬には木の枝に白く積もる雪の花を見て感謝した。

　不平が習慣であるように、感謝も習慣である。不平を言う人は、常に不平を言う。否定的な人の目には、バラのとげしか見えない。反対に、感謝村での人生は、生涯感謝である。そのような人は、人格そのものが感謝である。感謝の目を持っているため、見るものすべてが感謝の条件になるのである。

小さな感謝の表現

　アメリカの心理学者、ウィリアム・ジェームスは「人間の本質の底には、他人から感謝された時、言い表すことのできない喜びが湧き上がってくる要素がある」と言った。
　実際に、つい最近事業家の友人の話から、ウィリアム・ジェームスの言葉を実感することができた。彼の会社には他の職員に比べて業務成果が秀でている職員が一人いた。
　ある日、社長はその職員に給料袋と一緒に「今まで会社のために一生懸命働いてくれて感謝している」という内容の手紙も渡した。するとその社員は、社長の手紙を読み、自分を理解し、認めてくれたということがありがたくて、涙を流したという。この出来事の後、彼はますます献身的に働き、今では会社で重要な役割を担い、さらに多くのボーナスと報酬を得ているというのであった。
　相手が誠意を持って自分に感謝の心を表す時、それを煩わしく思う人はこの世に一人もいないだろう。職場や共同体、家庭の雰囲気を変え、よりむつまじいものにする一番効果的な方法は、互いに感謝することだ。

２つの感謝

　著名なアメリカの詩人、エドウィン・ロビンソンが、感謝について書いたことがある。

　「感謝には２種類ある。何かを受けた時に感じる思いがけない感謝の思いと、与えた時に感じる大きな感謝の心」

　私たちの多くは、最初の感謝に親しんでいる。自分の誕生日や記念日を誰かが覚えていてくれ、期待していなかったプレゼントをもらったりすると、私たちは彼らに驚きと喜びと感謝を表す。

　しかし、２番目の感謝の方がより尊く、よりすばらしいということに私は同感する。他人の人生に喜びを与える機会が与えられていることは、どれほど感謝すべきことだろうか。

　私たちは、自分の思いと愛を表すことのできる機会に深く感謝するようになるだろう。受ける時に感じる感謝より、与える時に感じる感謝は、心の奥の喜びを倍にしてくれる。

感謝を惜しまないアインシュタイン

　アインシュタインと共に研究し、自動カメラを発明したトーマス・ブッキ博士は、アインシュタインについて次のような記録を残している。

　「彼は、小さなことにも感謝をする人であった。私の父、クスターブ・ブッキとアインシュタインは友人であったが、彼は我が家を訪れるたびに私を抱き上げ、とてもかわいがってくれた。それで、私は8歳の年のクリスマスの日、彼にヨーヨーをプレゼントした。今思うと、そんなおもちゃが彼にとって何の役に立ったであろうか。しかし彼は、親切に感謝の返事をくれた。

　『サンタクロースも訪ねてこない、腰の曲がったばあさんと年老いたじいさんに、素敵なプレゼントをくれるなんて、本当にありがとう』というユニークな手紙と一緒に。その後も私は、感謝を惜しまない彼の姿をたびたび見てきたのである」

22 失って悟る大切さ

　ある医師の文章を読み、深く共感し、メモしておいた内容である。
　「なぜ人は、当たり前のことについて感謝しないのか。手が２つあり、足が２つあって、行きたいところにどこへでも行くことができ、手で何でもすることができるということがどれほど感謝なことであるかを。また、美しい音楽を聞くことができ、声を出して歌えることがどれほど大きな幸せであるかを。しかし人は、誰もこの当たり前のことには感謝をしない」
　人間は、平凡なことは当然なことと考え、特別なことがあった時だけ感謝をする。平凡なことがどれほど感謝すべきことかは、それを失って初めて悟るのである。

何千倍もの感謝

　プリンストン大学の総長であったジョン・ウィザースプーンに、ある日一人の人が訪ねて来て言った。
　「どうすれば神様にこの感謝を表すことができるでしょうか。今日、馬車に乗ってくる途中、馬は逃げ出し、馬車は岩にぶつかって壊れてしまったのですが、見てください。私は少しも怪我をしなかったのです」
　ウィザースプーンは笑いながらこう答えた。
　「私は馬車に乗って何百回もその岩道を行き来しましたが、一度も馬が逃げたり馬車が壊れたりしたことはありません。それなら私はあなたより、何千倍ももっと感謝しなければなりませんね」

1 | 24

ジミー・カーターの食卓の祈り

　ジミー・カーター前大統領が、ジョージア州知事に就任していた時のことである。

　息子のジャックの結婚式を明日に控え、祝賀披露宴が開かれた。

　ジョージア州の官邸で開かれた披露宴には、各界各層の著名人たちがたくさん集まった。食卓の前で、カーター氏は立ち上がってこのように語った。

　「皆さん。今日は私が家族を代表してこの２人のために祝福の祈りをささげます。頭を下げて共に祈りましょう。神様。感謝します。妻と私は、今まで素敵な食事を何度もし、食卓に座るたびに、本当に楽しい時間を過ごしました。これからジュディとジャックが食卓に座るたびに、私たちが味わった喜びと楽しさを体験することができるよう祝福してください。イエス・キリストの御名によってお祈りします。アーメン」

　祈りが終わるなり、前にいた新聞記者が、カーターに質問を投げかけた。

　「どのようにして、いつも食卓に着く時楽しむことができるのですか」

　「感謝が秘訣です。神様に感謝する心が、私たちの食卓をいつも楽しくしてくれたのです」

感謝して受けるなら

　すべてのことを感謝して受けるなら、捨てるものは何一つない。
　この世の目で見るなら、捨てるものは多い。
　しかし神様の目で見るなら、捨てるものはない。
　すべてのことは尊いものだ。
　すべてのこと、どんな状況、結果になっても、感謝して受け入れてほしい。さらに、バラの花のとげさえも感謝を持って受け入れてほしい。感謝を持って受け入れる人の人生は、平安と豊かさに満ちている。なぜなら、神様はすべてのことを働かせて益とし、豊かにしてくださるからである。
　「神が造られた物はみな良い物で、感謝して受けるとき、捨てるべき物は何一つありません。神のことばと祈りとによって、聖められるからです」（Ⅰテモテ4:4～5）

26

感謝不感症

　アジアの人々の中で、外見に対する満足度が一番低いのは韓国人女性だという。ボディ管理企業の「マリーフランス」が、外見の満足度を調査した結果、韓国人女性の80％が外見に満足していないと答えたそうである。また、別の調査によると、若い女性の82％が「整形手術を受けたい」と答えたそうだ。それほど自分の体形や外見に対して感謝していないということである。何であれ、足りなさを感じる時は、不満を持つよりその中の長所を見つけ出して神様に感謝しなければならない。そうすれば、神様はさらに大きな祝福を与えてくださる。

　現代人は、多くの病気の中でも難病とされる「がん」を一番恐れている。しかし、多くの人たちは、がんよりもっと怖い病に侵されている。「感謝不感症」である。子どもが両親に感謝せず、学生が教師に感謝せず、職員が雇用主に感謝しないのだ。助けてもらい、恵みを受けても、感謝を感じることができないのである。感謝を感じられないため、満足できずに不幸だと思うようになると、心が病にかかり、結局からだまで病気になりやすくなる。失った感謝を取り戻す時、感謝を通して幸せになり、健康な人生を歩むことができるのである。

生まれてから死ぬまで感謝

　ごちそうを前にしても文句を言う人がいるかと思えば、乾いたパン一切れでも感謝する人がいる。健康なからだが与えられていても環境を恨む人がいれば、両手両足がないにもかかわらず感謝する人がいる。一つを失うことに怒りを抑えられない人がいれば、二つを失ってもかえって感謝する人がいる。失敗したからといのちを絶ったり絶望したりする人がいるかと思えば、過ぎ去ったすべてのことを感謝し、未来に向けて準備する人がいる。自分を非難したり害を加えたりする人と仲違いする人がいれば、敵を愛して感謝する人がいる。死を恐れる人がいれば、死をありがたく受け入れる人がいる。

　私たちには感謝する理由がたくさんある。呼吸できることに感謝し、歩けることに感謝し、食べることができ、寝ることができることに感謝し、夫と妻と子どもを感謝し、成功も失敗も感謝し、病気でも健康でも感謝する。実際、この地上に生まれてから死ぬ日まで、感謝するのみではないだろうか。

28

肯定的な感謝

　ある学生の話である。入試を控えた学生が、授業中に鉛筆を床に落としてしまった。その瞬間、学生は困惑した様子でつぶやいた。「どうしよう。今度の試験に落ちてしまう」

　その時、横にいたクリスチャンの友人が、鉛筆を拾ってもう一度床に落としながらこのように言った。「落ちたりなんかしないよ。ほら。鉛筆がすべらないで床にくっついてるじゃない」

　同じことを経験しても、ある人は否定的に考え、ある人は肯定的に考える。言うまでもなく、日常で感謝することを訓練された人は、すべてにおいて幸せである。しかし、何においても感謝しない人は、すべてのことに否定的である。だから不幸なのだ。どんなに良いものを持っていたとしても、自分が不幸だと思えばその人は人生を不幸せに生きるしかないのである。考えを変えて感謝するようになれば、私たちの人生は幸せな人生に変わるだろう。

いつでも最善だけがある

　ある牧師が入院し、検査を受けたところ、その結果を知らせるために医師が皆集まって、検査表を見せながらこのように話した。
　「残念ですが、最悪の場合を覚悟しなければなりません」
　しかし、牧師は医師の言葉を聞いて笑いながらこのように言った。
　「最悪の場合ですか？　私はいつも最善の状況を考えています。私はクリスチャンです。神様は、すべてのことを働かせて益としてくださると、はっきり語っています。ですから私にとってはいつでも最善しかないのです」
　この言葉を聞いた医師は、驚いて検査表を落としてしまった。このように、本当の信仰を持って生きるクリスチャンは、この世の人たちを驚かせる。どんな境遇にあっても最善の結果を期待するからである。これこそ本当の感謝である。

1 | 30

オプラ・ウィンフリーの感謝日記

1. 自分のお気に入りの感謝ノートを準備する
2. 感謝することがあったら、いつでもどこででも記録する
3. 朝起きた時や夜寝る時、一日を振り返って感謝を見つけ、記録する時間を持つ
4. 立派な感謝を探すより、日常の素朴な感謝を見逃さない
5. 人に会う時、その人から受ける思い、出会いがもたらす喜びなどを記録するようにする
6. 教会や学校で、感謝日記を書くグループを作って一緒に書く
7. バスに乗っている時や、一人で公共の場所にいる時、それまでに書いた感謝日記を読み返す
8. 定期的に感謝の分かち合いをし、励まし合う
9. 自分の感謝がどのように変化しているかを意識する
10. カフェや公園など、自分だけの静かで落ち着く場所を選び、しばしばそこで感謝日記を書く

自分が持っているものに感謝する

　毎晩、ベッドに入る前に、気分が良かったこと、満足したこと、幸せを感じたことなどの感謝することを5つ書いてみる。どんなに些細なことでも構わない。
　恐れ、失敗、欲よりは、次のように肯定的なことに焦点を当ててみると、さほど努力しなくても肯定的な思考が形成される。

　＜オプラの5つの感謝＞
1. 今日もすっきりと目覚めることができて感謝
2. 特別にまぶしく、青い空を見ることができて感謝
3. 昼食に、おいしいスパゲッティを食べることができて感謝
4. 意地悪をする同僚に腹を立てなかった自分の忍耐に感謝
5. 良い本を読みました。その本の著者に感謝

　オプラは、感謝日記を書くことによって、2つのことを学んだという。それは、人生で一番大切なことが何であるかと、人生の焦点をどこに当てて生きなければならないかということである。

３種類の感謝

　１つ目は、「条件付き（if）の感謝」である。「もしもあなたがこの願いをかなえてくれたら、感謝します」という条件付きの感謝である。

　２つ目は、「だから（because）の感謝」である。過去を静かに振り返り、良かったことについて感謝することだ。「就職できたので感謝します」「病気をいやしてくださったから感謝します」というような根拠に基づいて感謝するのである。しかし、このような感謝を告白できる人もまれである。ほとんどの人が、自分ががんばったから祝福を受けたのだと考え、「だからの感謝」さえすることができない。しかし、まことの信仰の人は、このような「だからの感謝」を超えて、次の段階の感謝にまで到達しなければならない。

　３つ目は、「それにもかかわらず（in spite of）の感謝」である。「貧しいにもかかわらず」「病にかかっているにもかかわらず」感謝することだ。このように「それにもかかわらず」感謝することができる時、喜びに満たされ、すべてのことについて感謝する人になるのである。

2

からだが与えられていることに感謝

　有名な神学者であった内村鑑三は、からだについて感謝しながら、それを、福音を伝える道具となるように、次のように語った。
　「私に口があることを感謝。
　私は口をもって神様の福音を伝えます。
　私に手があることを感謝。
　私は手をもって神様の福音を伝えます。
　私に足があることを感謝。
　私は足をもって神様の福音を伝えます。
　私は福音のために造られました。私は福音を伝えるための道具となります」
　このような感謝と決意は、私たちにもできるものだ。今日も、健康なからだを与えてくださった神様に感謝し、一日を感謝で始めよう。

弱さの感謝

　パウロは、「私は自分の弱さを誇ります」（Ⅱコリ11：30）と告白した。健康も感謝の条件であり、成功も感謝できることである。しかし弱さもまた、感謝する要因なのだ。今日の失敗が、明日どのような結果を生みだすかは誰も分からない。私たちはあまりにも目に見えることばかりに焦点を当てて生きている。しかし私たちは、目に見えない向こう側を見ることができなければならない。見えない神の摂理である神のわざを見るべきである。

　パウロは、からだに病を抱えながら生きていた。その病をいやしてほしいと祈ったが、神様は「わたしの恵みはあなたに十分である」と言われた。それ以後、パウロは二度と病のいやしのために祈ることはせず、「私は自分の弱さを誇る」と告白したのだ。これが本当の感謝である。失敗の場面で、うまくいかない場面で、病床での感謝がまことの感謝なのである。

　私たちは、豊かな生活に慣れてしまっている。そのため、少しの不足にも不平を言い、十分であっても感謝することができないのである。それは幼い子どもの水準だ。「自分の弱さを誇ります」。これが本当の感謝である。

全世界より尊いいのち

　リバイバリストとして広く知られているイ・ソンボン牧師（1900-1965）は、次のような感謝をした。
　「私は、自分の元手がゼロの状態で生きてきたので、貧乏になるかと思ったが、かえって金持ちになった。驚くなかれ！　私の資本がどれくらいかというと、およそ12億ファン（昔の韓国のお金の単位）である。荒唐無稽のように聞こえるが事実である。なぜか。私のこのからだを作ろうとすれば、ドイツのような科学が発達した国でも、2億ファンするという。そうすると、私一人のからだだけでも2億であるのに、19歳の時に妻に出会ったため、それだけでももう4億である。さらに、愛する娘が4人いるため、すでに12億ファンの財産家ではないだろうか。
　私は家に帰るたびに、自分を12億ファン所有している富豪だと考え、感謝をしている。
　もし神様が私を呼ばれて死んだとしても、損することなど何もない。なぜなら、神様が下さったこの高価なからだをお返しするだけだからだ。私はこのような人生観をもって生きているので、私の人生はいつも平安で感謝なのである」

感謝をする人

平凡な人生から湧き上がってくる感謝こそ、
人生を美しく豊かにする大切な肥料である。
平凡な人生を感謝することができる人が、
一番知恵深い人であり、
ささいな日常を一瞬一瞬感謝する人こそ、
一番感謝できる人なのである。

2|6

今いるところで感謝しなさい

　ある人のところに天使がやって来て、３つの願いをかなえてあげようと言った。男はさんざん迷ったあげく、横で小言を言っている妻を見てこのように言った。

　「この妻を連れていって、新しい良い妻を与えてください」

　願い通り、妻は亡くなった。葬式をしたのだが、弔問に来た人たちが、死んだ妻が人知れずしていた善行をあれこれ話し始めた。すると、心変わりしたこの人は、自分の妻が実に良い人だったと知り、２番目の願いをした。

　「私の妻を生き返らせてください」

　すると、その妻は生き返った。願いはあと１つである。迷った末、結局天使に、自分にとって一番必要なものは何であるかを尋ねた。「受けた恵みに感謝する心である」

　そこで彼は、３つ目の願いとして、自分に感謝する心を与えてほしいと頼んだ。天使は彼に感謝する心を与えた。すると、彼の口から、感謝の告白があふれ出てきた。

　今あるものを感謝しながら生きる人生が、幸せな人生なのである。

幸福な一日を送るために

1. 優しい笑顔。笑顔は周りの人たちを楽しくさせる力がある。
2. 他人をほめる。出会う人たちを2回以上ほめてみよう。徳を高める良い関係を作る強い絆となるであろう。
3. 誠実な働き。誠実に働くことは、信頼を得る力となる。
4. アイデアの記録。思い浮かんだ考えをメモしよう。それはあなたを豊かな人へと作り上げるだろう。
5. 感謝する心。あなたが幸せな人だということを知るようになるだろう。

2|8

スポルジョンの悔い改め

　チャールズ・スポルジョン（イギリスの著名な牧師、1834-1892）は40歳を過ぎて、関節炎の一種である痛風のために苦しんだ。当時は今のようにアスピリンや麻酔剤が発達していなかったため、症状が出始めると、その痛みをじっと耐えるしかなかった。
　ある時、彼が痛風の痛みを我慢していたのだが、信仰のある信徒が訪ねてきてこう聞いた。「牧師先生。痛風でひどく痛むその瞬間にも神様に感謝をすることができますか」
　「ああ。感謝しようと努力しているよ。この病がいやされたら、神様に心から感謝したいと思うよ」
　すると、その信徒は、静かな、重みのある口調でこのように助言した。
　「牧師先生。今のようにからだが痛む時、神様に感謝すべきではありませんか。その痛みの中でかえって神様に感謝してみてください。そうすれば、神様がその病をいやしてくださるでしょう」
　この言葉にスポルジョンは深い感銘を受けた。そして、すべてに感謝することができない自分の姿を省みて、神様の前に悔い改めたのだ。

感謝と幸せ

一つ確かなことは、
不平を言う人は幸せを得ることができず、
感謝する人に幸せは訪れるということだ。
人は幸せだから感謝するのではなく、
感謝するから幸せなのだ。

2|10

食卓でささげる感謝の祈り

　「ああ、主よ。すべての良いものの根源と無限の泉が、神様の中にあります。あなたの恵みを私たちに十分に注いでください。あなたが下さる食物に感謝し、与えられた食物を食べる時、あなたが語られたように粗末にせず謹んで食べ、きよい心で食べることができるように助けてください。

　また、まことの感謝の心を持ち、この口がすべての良い物を下さる父なる神様を伝えるようにしてください。

　日々の糧を楽しむ時、魂の糧を心から求めるようにしてください。

　神様が下さる魂の糧によって、私たちの魂が永遠のいのちの望みを持ち、豊かな満たしを受けます。

　私たちの主イエス・キリストの御名によって祈ります。アーメン」

ジョン・カルビン

おもしろい感謝献金

　ある牧師が、自分の教会の信徒が入院している病院にお見舞いに行った。その信徒は、盲腸の手術を受けたのだが、オナラが出ないことを心配していた。盲腸の手術を受けると、オナラが出て初めて水を飲んだり食事をすることができるからだ。
　「牧師先生。オナラが出るように祈ってください」
　おかしな祈りだと思ったが、牧師は、信徒の頼みなので祈ることにした。
　「神様。オナラが出るようにしてください。早く出るようにしてください。必ず出ることを信じます」。しばらくたった後、電話がかかってきた。
　「先生。出ました！」
　お見舞いに行き、祈ってあげた信徒が、喜んで電話をかけてきたのだった。彼は、オナラが出て食事もできるようになったので、すぐに退院もできるだろうと言った。
　「おめでとう」
　「先生。オナラがこんなに感謝なことだとは、以前は全く分かりませんでした」
　次の礼拝の日、その信徒は「オナラが出たことに感謝します」という感謝献金をささげた。

12

感謝と幸せの秘密

　幸せはどこから来るのだろうか。

　幸せについての著述を見ると、幸福感を大きくする共通の方法は「意識的な感謝」だと書いてある。シュバイツァーは、感謝を「人生の秘密」であると言い、次のように語っている。

　「人生で一番すてきな働きは、すべてのことについて感謝することである。これを会得した人は、人生の意味を知る人である。このような人は、人生の神秘をすべて見抜いている。人生の神秘とは、すべてのことについて感謝することである」

　昔も今も、幸せについて著述する人たちは、自ら受けた祝福を数えてみることが、人生を肯定的に変える重要な方法であると述べている。

　「すべての事について、感謝しなさい。これが、キリスト・イエスにあって神があなたがたに望んでおられることです」（Ⅰテサロニケ5：18）

この瞬間、持っているものに感謝する

　貧しい大学生が、旅行中、安い旅館に泊まった。ところが、朝起きてみると、誰かが自分の靴を持って行ってしまっていた。彼はとても頭にきた。よりによってたくさんの人たちの中から、貧しい自分の靴を持って行くのを放っておいた神様が憎らしかった。旅館の主人は、悪かったと倉庫から靴を一足出しながら「今日は日曜日だから教会に一緒に行こう」と言った。やむを得ずついて行ったが、彼は靴のことばかり考えていた。思いを振り払おうと、あちこち見回していると、隣に座って礼拝している人が目に留まった。その人は、涙を流しながら賛美をしていたかと思うと、感激しながら感謝の祈りをささげ始めた。その人をよく見ると、両足がなかった。彼は衝撃を受けた。
　「靴をはく足のない人が、このように感謝と感激の礼拝をささげているというのに、私は靴一足を失くしたと怒ってだだをこねていた」
　彼は深く悟り、感謝の人に変えられた。この人が後のドイツの財務長官となった、マルチン・バーデンである。

2 | 14

ノミについての感謝

　『わたしの隠れ場』を書いたコーリー・テン・ブームは、ユダヤ人をかくまった罪で、姉ベッツィーと共にナチス収容所に監禁され、さまざまな苦難を経験した。しかし、閉じ込められている間も何とか聖書を手に入れ、毎日聖書を読んでいた。その中の「すべての事について、感謝しなさい」（Ⅰテサロニケ５：18）という箇所を深く心に刻んだ彼女だったが、その後ベッツィーと共に、さらに劣悪な環境の収容所に移された。

　そこはすべてが最悪で、感謝できることなど、とても見つけることができなかった。ノミが発生し、毎日が苦痛の極みだった。ベッツィーは「このようなみじめな環境さえも感謝しなさい」と言ったが、コーリーは、それだけはできなかった。「すべての事について、感謝しなさい」という言葉は、頭の中でだけぐるぐる回っていた。ところが、ベッツィーは目をつむって静かに祈り始めた。

　「神様。私たちにノミを下さり、感謝します」

　コーリーは仕方なく「アーメン（その通りですの意）」と言った。ところが、間もなく彼女は、ノミがいるために監房には看守もドイツの軍人も寄り付かないということに気がついた。おかげで彼女たちは、自由に聖書を読んで分かち合うことができ、他の人たちにも聖書の言葉を伝えることができたのだった。

ペニー会長の問題解決哲学

　「肯定的思考」で広く知られる牧師、ノーマン・ヴィンセント・ピールは、百貨店業界の大富豪、J・C・ペニーに会い、ニューヨークのアストリアホテルでインタビューをした。
　「会長は、人生の中であらゆる困難な問題を経験したと思いますが、会長の問題解決の哲学とは何ですか」
　ペニーの答えは、信仰の人としての彼の姿をそのまま表していた。
　「牧師先生。実は私は、ある問題に直面すると、まず神様に感謝をするのです。なぜなら、問題を一つ一つ克服するたびに、私がさらに強くなり、将来もっと大きな問題を解決する準備となるからです。言ってみれば、問題を踏み台にしてさらに成長することを信じているのです。ですから、まず感謝をするのは当然なのです」

なぜ金持ちなのに幸せではないのか

　幸福について研究している人たちが、一番頻繁に問題提起していることは、「なぜ金持ちなのに幸せではないのか」ということである。

　幸福の研究は、幸せをお金で買うことはできないということを証明してくれる。あらゆるものが豊かになった現在も、人々はそれほど幸福感を感じてはいない。物質的に豊かな人と自分の境遇を比べると、相対的貧困率が上がり、不満が大きくなり、不幸な人となる。反対に、自ら感謝だと感じることに焦点を当てるなら、自分より良い境遇の人と比較するという無駄なことをやめることができる。

　また、感謝を知らない人は、幸せを手に入れるために、現実的な快楽を得ようとする。消費指向性は、感謝を知らない心を生みだす。

　数多くの広告は、人間の欲望と恐怖を巧妙に操り、不必要な必要を作り出し、現在持っているものと現在の姿に不満を持つように促す。感謝する心は、上を見て比較することではなく、心を低くしてすべてのことに感謝する尊い心なのである。

心配するな

　心理学者のアーニー・J・ゼリンスキーは、心配について次のような研究結果を発表した。
　心配の40％は、「決して起こらないこと」であり、
　心配の30％は、「すでに起こってしまったこと」であり、
　心配の22％は、「取るに足らないこと」であり、
　心配の4％は、「私たちの力ではどうにもならないこと」であり、
　心配の4％は、「私たちが変えることのできること」である。

　つまり、心配したからといって私たちが解決できるものは何もなく、心配する必要がないということである。

18 感謝を先延ばしにするな

　私たちは日常生活の中で、絶えず心配をすることで人生を浪費している。
　「特別な願いはありません。ただ子どもたちが学校で勉強さえ良くできれば、感謝します」
　「息子が就職できさえすれば、心配せずに感謝します」
　「娘が良い人と出会って、結婚できれば感謝します」
　「主人が定年退職する時まで、どうにかがんばってくれたら感謝します」
　「銀行の融資の問題さえ解決すれば、感謝します」
　「退職後、暮らしていくのに支障ないくらいの年金をもらえれば感謝します」
　心配や問題が解決した時だけ感謝することができるなら、生涯、感謝と幸せは、手でつかむことのできない虹となってしまう。月日がたっても状況は変わらないのだ。私たちの人生は水のように流れていってしまう。だからこそ人生のすべての瞬間に、感謝できることを探さなければならない。今日、置かれている現実を感謝し、人生の旅路を楽しまなければならない。

33cmの感謝

　仲むつまじく暮らしている家族がいた。この家族は、3坪ほどの狭い部屋に住んでいた。

　ある晩、家具があちこちに置かれている狭い部屋に、家族4人がやっとからだを重ねながら横になっていた。ところが、縦に並んで寝ると、背の高い父親はまっすぐにからだを伸ばして寝ることができるがひどく狭い。横に寝ると3人はゆったりと眠れるが、父親はえびのように背中を丸めて寝なければならない状態であった。家族は丸くなって座り、皆が楽に寝られる方法を模索した。しばらく悩んだ末、流し台とオーディオの間にある、33cmの空間を発見した。父親がそこに足を伸ばして寝れば、えびのように寝なくても大丈夫であった。父親は足を伸ばして寝ることができる空間があることに感謝をした。

　今は広い家に引っ越し、そのようなことで悩む必要はなくなったが、その父親は、小さなことでも簡単に不平を言う自分の姿を省みて、小さなことに感謝しながら幸せに暮らしていたそのころが懐かしいと言う。本当の感謝とは、環境によるのではなく、心がへりくだっている時にささげることができるものなのである。

20

信仰の目で見上げよ

　スパフォードは、絶望的な状況でも、神様の前で喜び賛美し、感謝した人であった。弁護士であり、法医学教授であった彼は、ムーディ(ムーディ聖書学院創設者、1837-1899)が赴任していた教会の執事であった。しかし、シカゴ大火災で全財産を失い、妻と4人の娘たちがヨーロッパにいくために乗った船が衝突事故を起こし、娘たちを皆失ってしまった。生き残った妻に会いに行く途中、彼は聖歌「やすけさは川のごとく」を作り、歌いながら感謝をささげた。

　世界を信仰の目で見上げることができるなら変化が起きる。神様の力がどれほど大きいか、神様が自分をどれほど愛してくださっているかを知るなら、私たちは神様に感謝をせずにはいられない。信仰の目が感謝を生みだすからだ。

　今、不平がたくさんあるだろうか。それならこのように祈ってほしい。「神様。不平を言わないよう、私に信仰の目を与えてください。私に言葉や出来事を通して、神様の考えと思いを表してくださり、いつでも感謝があふれるようにしてください」

刑務所と修道院の違い

　犯罪心理学者であるソーパー博士は、刑務所にいる囚人と、修道院で暮らす修道士との違いをこのように語った。
　「両者とも、この世と断絶して生活しているが、刑務所にいる人は、一日中不平と要求ばかり言っている。『外に出たら覚えてろよ。ただじゃおかないぞ』という具合である。しかし、修道院にいる修道士は、一日中感謝の祈りをささげている。
　神様を信じるクリスチャンも、もし感謝の祈りより要求と不満の祈りばかりしているなら、刑務所の囚人とあまり変わりはない」

22

ロックフェラーの祝福の秘訣

　世界的な富豪、ロックフェラーは、3つの記録を持っている。

　1つ目は、「慈善の記録」である。彼はロックフェラー財団を作り、多くの人々に愛を施している。

　2つ目は、「人生逆転の記録」である。彼はとても貧しい境遇にあり、初恋の人に、見込みのない貧乏人だと振られてしまった。しかしその言葉に刺激され、世界で一番の財閥にのし上がった。

　3つ目は、「長寿の記録」である。ロックフェラーは98歳という長寿を全うした。目を閉じる時まで、歯や胃腸が健康であったそうだ。ロックフェラーがこのような奇跡を成し遂げた原動力も、3つである。

　1つ目は、「感謝する心」である。彼はどんな状況でも他人を非難することはなかった。

　2つ目は、「敬虔な生活」である。彼は一度も酒とたばこを口にしなかった。また、生涯教会学校の教師として奉仕をした。

　3つ目は、「聖書の黙想」である。90歳を過ぎて視力が弱くなると、彼は人を雇って聖書を読ませた。耳でみことばを聞きながら、心の平和を保ったのである。

涙の卒業証書

　アメリカのバージニア州に、貧しい母と息子がいた。牧師であった父親は早くに亡くなり、母親が洗濯や掃除をしながら息子の学費を稼いでいた。息子は、母親の労苦にいつも感謝しながら一生懸命勉強し、プリンストン大学を卒業する時、総長賞を受けて代表演説をすることになった。息子は演説の中で、母親に感謝の心を伝えた。「お母さん。ありがとうございます。お母さんのおかげで卒業することができました。これは私が受ける賞ではなく、お母さんにささげます」

　息子は、総長から受けたメダルを、みすぼらしい身なりの母親の首にかけ、母親は感激の涙を流した。卒業式に参加していた人たちは、この姿を見て皆大きな感銘を受けた。

　息子は、卒業後に弁護士と教授を経て、後にアメリカの第28代大統領になった。彼こそウィルソン主義を提唱し、ノーベル平和賞を受賞した、ウッドロウ・ウィルソン大統領である。

24

マシュー・ヘンリー

　マシュー・ヘンリー牧師は、有名な聖書解説者である。ある日彼が夜道を歩いていると、強盗に出くわした。ところが彼は家に帰って次のように日記を書いた。
　感謝します。
　1つ目、今まで一度も強盗に出会ったことがなかったからです。
　2つ目、私の財布を奪っていきましたが、私のいのちを奪わなかったからです。
　3つ目、私が持っていた物全部を持って行きましたが、それはそれほど重要なものではなかったからです。
　4つ目、私が強盗をする人ではなく、強盗に襲われる人であったからです。

恩知らずの代償

　イソップ童話に出てくる話である。
　一人の少年が道を歩いていて、穴に落ちたきつねを助けてあげた。ところが、このきつねは少年を捕まえて食べようとした。少年はびっくりして言った。
　「助けてあげたのに、どうしてぼくを食べようとするんだ」
　すると、きつねはこのように答えた。
　「人間がこの穴を作ったためにこんな目に遭ったのだから、お前を食べるからといって悪く思うな」
　少年は納得できず、「他の動物に聞いてみよう」と言った。そして、もしきつねの言葉が正しいと言うなら、すぐに食べられてもいいと言った。ちょうどその時、うさぎが現れた。話を全部聞いていたうさぎは、「話だけ聞いてもよく分からないので、最初からもう一度見せてくれ」と言った。そこできつねはもう一度穴に落ち、少年に向かって綱を下ろしてくれと頼んだ。しかし、少年とうさぎは綱を下ろしはしなかった。うさぎがきつねに言った。「お前のように感謝することを知らないやつは、猟師に捕まってしまえ」

2|26

あるユダヤ人の母の日課

　教養のない平凡なユダヤ人の母親がいた。ところがこの母親は、子どもを実に立派に育てた。その秘訣は何かと人々が聞いたところ、母親は、ただ3つのことだけを教えたと答えた。
　1つ目、「どんな境遇であれ、すべてのことについて感謝すること。小さなことでも大きなことでも感謝する人になりなさい。さらに、困難に遭っても恨んだり不平を言ったりせず、ただ感謝しなさい。いつも感謝しなさい」。すなわち、感謝を習慣化させたのである。
　2つ目、「恨み事を言う人とつき合うな」。恨み事や不平は影響を受けるからだ。成功する人生を生きたいのなら、文句を言う人とつき合ってはいけないということだ。
　3つ目、「感謝する人と親しくしなさい。感謝する人と一緒にいなさい」
　このように、感謝にまつわる3つの教訓をもって子どもたちを立派に育てたという話である。これは、不平と文句を選択する代わりに、感謝を選択しなさいという教訓である。

2 | 27

ジェファーソンの感謝

　絶えず聞こえてくる事件、事故や心中というひどいニュースがあまりにも多い。悲しく、残念なことである。

「生きているということは、どれほど美しいことか。
どれほど輝いていて、香りの高いものか。
乳と蜜の流れるカナンの地ほどではなくても、
この世に産声を上げたその瞬間から、
私たちはこの地で幸せになる権利と義務、
そして責任があると知っている。
自分と自分の家族、
そばにいる隣人とすべての人々に言ってあげたい。
日々感謝することが増えていったらいいよねと。
一生懸命生きている自分に毎日感謝してほしいと。
感謝は、過去の恵みを回想する時に生まれてくる。
感謝は、高潔な魂の顔なのである」

　　　　　　　　　　　　　　　ジェファーソン

2/28 お葬式の感謝献金

　第二次世界大戦が終わり、アメリカのある教会で、戦争のために息子を失った家族が召天礼拝をささげていた。礼拝後、その両親は教会に多額の献金をささげた。その時、その葬式に参加していたある夫人が夫にこう言った。
　「あなた、私たちも息子のために、あの方たちのように感謝献金をささげたらどうかしら」
　すると、夫は驚いて言った。
　「何を言っているんだ。私たちの息子は生きて帰ってきたじゃないか」
　「そうよ。だからあの方たちより、もっと多く感謝しなきゃ」
　夫は妻の言葉を聞き、自分の態度を反省した。そして、妻の言葉通り、生きて帰った息子のために感謝献金をささげた。恵みを悟ったその心こそ、幸せな心である。

自分が持っている宝を見よう

　幸せになろうとするなら、現在自分が持っている多くのものを思い浮かべて感謝し、自分にないもの、足りないものに対する欲をなくさなければならない。自分が持っている宝を忘れたまま、足りないものばかりに執着するなら、常に不満と不平、文句が出てくるばかりである。私たちの周りには、不意の事故でからだが不自由になる苦難にあった後、人生に対する感謝を覚えるようになったと告白する人が多い。特に、他の人より多くのものを持っていた人であればあるほど、より苦痛は大きくなるが、感謝する人にとっては苦痛が大きいほど感謝の程度も大きくなる。

　普段「空気」について感謝をしなかった人が、高い山頂に登った時、酸素と人生全般について感謝をするようになるのと同じである。結局人間は、どんな状況でも幸せを選択することができ、感謝する人生を歩むことができるということである。これこそ、人間が動物と違う点である。

　生きている中で、不幸だと考えたり、憂鬱になったりするたびに、現在自分が持っているものに感謝し、過去を振り返って感謝し、将来目標が達成された時を思い浮かべながら感謝する人生となることを願う。

一番小さなパン

　昔、ドイツでひどい凶作の年があり、多くの人が飢えるようになった。その時、ある金持ちの老夫婦が毎日パンを作って近所の子どもたちに分け与えていた。
　「必ず1つずつ持っていくんだよ。明日来ればまたあげるからね」
　子どもたちは皆、少しでも大きく見えるパンをもらおうと騒いでいたが、グレッチェンという女の子はいつも最後に並んでいた。他の子どもたちは、より大きいパンをもらうことに気を取られ、パンをくれる老夫婦にお礼さえしなかった。しかしグレッチェンは一番小さなパンをもらっても、いつも夫婦に「ありがとう」とお礼を言うことを忘れなかった。
　そんなある日、グレッチェンはいつものように最後に並んでいた。その日彼女がもらったパンは、普段よりとりわけ小さく見えた。にもかかわらず、彼女は夫婦に「パンをくれてありがとう」とお礼を言った。
　グレッチェンが家に帰り、パンを一口かじると、思わず声をあげた。びっくりしてパンの中身を調べてみると、金貨1枚と1枚の紙切れが入っていた。
　「これは、あなたのように小さなことも忘れずに感謝する人のために私たちが用意したプレゼントです」

感謝の地、貪欲の地

　南アメリカは、北アメリカより良い自然環境にある。しかし、北アメリカは世界最強国であるのに対し、南アメリカは疾病と飢餓に悩まされている。歴史学者たちは、この原因を次のように説明している。

　「北アメリカは、清教徒たちが信仰の自由を探して開拓した『感謝の地』である。しかし、南アメリカは一獲千金を目指す人たちが開拓した『貪欲の地』である。北アメリカと南アメリカの生活水準が大きくかけ離れているのは、当然のことである」

　私たちの人生も同じである。感謝する人生は幸せな人生を作る。家庭は特にそうだ。感謝があふれる家庭は子孫まで祝福を受ける。自分の益のみを追求する利己的な家庭の子孫は、生涯貪欲の沼から抜け出せないが、感謝する子孫はあふれる祝福の中で生きるようになる。

3

むなしい人生

　アメリカの企業家であるハワード・ヒューズは、映画会社、放送局、航空会社、ホテル、賭博場など、約50あまりの事業を手掛ける富豪で、若いころはハリウッドスターたちと数多くのうわさが立っていた。
　しかし彼は、45歳になると対人恐怖症にかかり、人を避け、一人で過ごすようになった。病原菌を恐れ、自宅に無菌室を作り、食べ物に毒が入っていないかを心配して、チキンスープしか飲まずに生活した。理容師が、かみそりやハサミで自分を殺しはしないかと恐れ、床屋にも行かず、手足の爪も切らなかった。さらに彼は、仕事も電話とインターフォンを通して指示するようになった。とうとう栄養失調にかかり、最後は飛行機で移動中に亡くなったのだが、死ぬ間際に、次のような言葉を残したという。「何もない。何もない。何もない！」つまり、「むなしい。むなしい。むなしい！」と叫びながら死んだのだ。
　人が全世界を手に入れたとしても、いのちを失うなら何の得があるだろうか？　私たちが常に感謝しなければならないのは、たとえこの世で富を楽しむことができなくても、一番尊い天国のいのちを約束されているためである。私たちは、イエス様を信じることによって救いを受けた。そのことを何よりもまず感謝すべきである。

3-4

バランスの取れた感謝

喜びだけでなく、悲しみにも感謝しよう。
成功だけでなく、失敗にも感謝しよう。
希望だけでなく、絶望にも感謝しよう。
持っているものだけでなく、
持っていないものにも感謝しよう。
豊かな時だけでなく、足りない時にも感謝しよう。
勝利だけでなく、敗北にも感謝しよう。
健康だけでなく、病にも感謝しよう。
いのちだけでなく、死にも感謝しよう。

この世で一番役に立たない人は？

　感謝する心は簡単に過ぎ去り、誰でも「感謝不感症」になりやすいものだ。今日の現代人の病の中で一番多いものが、感謝不感症である。感謝を知らず、いつも不満と文句を言って生きている。欲求不満でいっぱいだ。初代教会の聖職者であったヨハネス・クリュソストモスは、「人には根本的な罪が一つあるが、それは感謝しないこと」であると言った。ゲーテも、「この世で一番役に立たない人間は、感謝をしない人だ」と言った。イギリスには「地獄は感謝を知らない人たちがたくさんいるところであり、天国は感謝をする人たちがたくさんいるところである」という格言がある。

　だから、私たちは意図的に感謝する心を保つために努力しなければならない。

　テンプルトン賞を制定したジョン・テンプルトンは、彼の著書『Discovering the Laws of Life』（人生の法則を見つける：未邦訳）で、「感謝の人生を歩もうとするなら、まず感謝する対象を探してほめようと心に決め、次に、私たちが熱望する良いことが実際に実現する前に感謝し、最後に、私たちに向かってくる問題と取り組むべき課題に感謝するように」と語っている。

36

感謝も習慣であり、幸せも習慣である

　感謝も習慣であり、幸せも習慣である。
　どんなに良いイベントをしてもむだである。
　家族らしい家族を作る方法とは、良い習慣だからである。
　いつも怒鳴っている父親が、ある日突然イベントをしたとしても、何の意味もない。
　家族はそのイベントに少しも心を動かされない。
　日常で温かい一言をかけてくれる方が良いのだ。
　普段乱暴な上司が、ある日突然酒を飲みながら社員たちに、「君たちのことが好きだ」と言っても何の意味もない。
　愛も習慣であり、幸せも習慣である。
　毎日の習慣で、食卓に箸を用意し、温かいコーヒーを１杯入れて、温かい感謝の一言を伝えるところに、幸せが訪れるのである。

ベン・シャハー教授の幸せ6カ条

1. 感情を認めなさい
   恐れや悲しみ、不安など、私たちが感情を自然に受け入れると、克服しやすくなる。
2. 幸せは、楽しみとつながっている
   職場や家庭での生活に意味を与え、楽しみを感じることをしなさい。
3. 幸せは、社会的地位や通帳の残高ではなく、心のあり方による
   幸せは、私たちがどこに焦点を合わせ、状況をどのように解釈するかによって決まる。失敗を災難と考えず、学びの機会と考えなさい。
4. シンプルに生きなさい
   目が回るほど忙しく生きているが、あまり多くのことをすると、幸せを逃してしまうことがある。
5. からだと心が一つであるということを忘れてはいけない
   規則的に運動し、十分に睡眠を取り、健康的な食習慣を維持するなら、からだも心も健康になる。
6. 機会があるたびに感謝を表しなさい
   人生における良いことを思い起こし、感謝することを学びなさい。

3│8

神は感謝する時奇跡を起こす

　400年ほど前、イギリスで、キルビンという牧師が福音を伝えたために逮捕された。当時は伝道者たちが無残に殺される時代であったが、彼は警察に連れて行かれながら感謝の祈りをささげた。
　「すぐに殺されるというのに、何を感謝するというのだ」
　「イエス様のために迫害を受けるなら、天国で大きな報いを受けるからです」
　しばらく行ったところで、キルビンはうっかり石につまずき、転んでひどくけがをしたのだが、今度は「この程度で済んで感謝します」と祈った。
　ところで、彼のけがが完治する前に、キリスト教を迫害していたメアリー女王が亡くなった。よって投獄されていた人たちは皆解放され、キルビンも釈放された。彼はこのような感謝の祈りをささげた。「あの時、私は捕らえられて死んでも、天国では殉教者として大きな報いを受けるだろうと感謝の祈りをささげました。ところが神様は、私が転んでけがをし、病院に入るようにされました。もし私がけがをせずにロンドンに行ったなら、すぐに死刑になっていたことでしょう。神様は、感謝をすると奇跡を起こしてくださる方なのです」

最後の言葉

　ある40代前半の男性が、舌にがんができて、舌を切断する手術を受けることになった。執刀医がこの患者に言った。
　「舌を切断したら、あなたは永遠に話すことができなくなります。最後に話したいことは何ですか」
　それこそ、死刑囚が死刑執行の直前に最後の言葉を求めるような、悲痛な瞬間であった。
　彼を見守っていた人たち、特に彼の妻と子どもたちは、すすり泣き始めた。しばらくの間、静かに目を閉じていたこの患者は、口を開いてこのように言った。
　「ああ、神様。感謝します」
　彼は今までこの舌をもって話せるようにしてくださった神様に感謝し、祈ったのだった。それこそすべてのことに感謝する人生である。

10

恋愛博士の忠告

　ある恋愛博士の話である。彼は、上手な恋愛の秘訣が感謝にあると主張している。恋愛博士の忠告は、好きな人に会っても、あまりすぐに愛していると言わないようにとのことである。特に女性たちは先に愛していると言ってはだめだという。そうすると、失敗する確率が85％以上であるという。なぜなら、人は相手があまり近くに寄ってくると、一歩後ずさりするからだ。だからといって、愛する心をただ隠していてもだめだという。そうすると、相手が全く気持ちに気づいてくれないからだ。

　ではどうすれば良いのか。「愛している」と言わずに、相手の言葉や行動の中で、良い点を見つけて「ありがとう」と言うのが良い。感謝の言葉を伝えると、相手が自分を好きになる可能性が非常に高いそうだ。人は自分を認めてくれる人を必ず愛するようになるからだ。こうしていると、もし誰か他の人に気を取られていたとしても、自分のところに戻ってくるだろうというのである。多くの部分で共感する理論である。感謝が人を引きつけるということ、未婚の青年たち、よく覚えておいてほしい。

もしも奇跡を起こすことができるなら

「もしも奇跡を起こすことができるなら、
自分の力でするより、
感謝する心でしなければならない。
そうしてこそ、
より大きな奇跡を起こすことができる。
感謝は、一言で痛みをいやし、
手に触れるすべてのものを
幸せにすることができるからだ」

ウィリアム・ロー

12 億万長者ハーディーの献金

　ハーディーというアメリカの億万長者がいた。彼は不自由のない生活をし、それを当然のように考えていた。教会に通っても感謝せず、献金もしていなかった。

　そんな彼がある日ひどい失敗をし、数千万ドルの負債を負って、絶望して教会を訪れた。礼拝堂でしばらく泣いていると、牧師が来て祈ってくれ、どんな状況でも感謝しなければならないと言われた。

　ハーディーは、長い間感謝することを探してみたが、到底感謝できることが見つからなかった。仕方なく、彼はただ「感謝します」という言葉を繰り返しながら祈っていた。すると突然聖霊の感動を受けて、涙があふれてきた。「神様。今まで私の事業を守ってくださって感謝します。失敗しても再び立ち上がる健康を与えてくださり感謝します。つらい状況でも、愛する妻と子どもたちが共にいることを感謝します……」

　1時間近く感謝をし、立ち上がった彼は、借金の山を抱えた中でも献金することを決心した。職員たちは口々に言った。「社長。これは倫理的にも外れています。借金を抱えている人は借金返済を優先すべきで、献金を先にすることは偽善です」。しかし、ハーディーはこう答えた。「私は今、倫理的原則より、信仰の原則がより重要なのです。負債返済より、信仰の返済が重要なのです」

　職員たちは驚いて尋ねた。「どういうことですか。社長がどこかで盗みを働いたのですか」。ハーディーは、聖書のマラキ書を開いて言った。「私は神様の献金を盗んでいた盗人でした」。その時からハーディーは、感謝を最も多く告白し、その手で献金を最も多くささげ、アメリカの教会の尊敬を受ける人となった。

感謝を知らない人は金持ちになれない

　昔、清教徒たちは財産に対して2つの責任があると考えていた。
　1つ目は、神様に感謝をささげる責任であり、
　2つ目は、苦しい状況の隣人と分け合う責任である。
　そのため、清教徒が建てた国、アメリカは社会に還元する寄付金がとても多い。誰が言わなくても、進んで困った人を助ける。このような感謝の信仰を持つ国が、世界最高の強大国となったのである。
　現在（2013年時点）世界一の富豪はビル・ゲイツ氏であるが、彼は歴代富豪の中で6位である。過去から現在を通して、一番の大富豪はジョン・ロックフェラーである。このロックフェラーの祝福の秘訣は、まさに「感謝」と「献金」にあった。彼は「感謝を知らない人は金持ちになれない」と言った。感謝を知っている人だけが神様の祝福を受け、金持ちになることができるのである。

14

私の弱みはこの国の助け

　1969年にイスラエルの首相となったゴルダ・メイアは、彼女の自叙伝で次のような告白をしている。
　「私は自分の顔が美しくないことを感謝する。私は不器量なので祈り、不器量なので一生懸命勉強した。私の弱みは、この国にとっては助けとなった。絶望は神様の召命を悟る機会となった」
　彼女は首相として務めた期間を含め12年間、国民に知らせることなく白血病と戦いながら、職務を誠実に全うした。
　弱気になるたびに神様に信頼し、どんなにつらい時でも、首相としてなすべき仕事を少しもおろそかにしなかった。神様が下さった大切な職務を、常に尊いものとして受け入れ、感謝の人生を送ったのだ。
　私たちはしばしば、学歴がないから、外見が良くないから、強い後ろ盾がないから、もしくは家柄が良くないからなどという理由をつけ、自らの能力を制限する。しかし、私たちはあらゆる偉人たちの生涯を通して、短所がむしろ、より大きな長所となることを数多く見ることができる。感謝の眼鏡をかけて自分自身を見るなら、どんな弱さも感謝の対象に変えることができるのだ。

オールウェザーの感謝

　以前は、農業は雨が十分に降れば上手くいき、降らなければ上手くいかなかった。しかし、最近では技術の発達により、1年中食べたい果物や野菜が食べられるようになった。このように、気候に全く制限されず、1年中行われる農業をオールウェザー農業と言う。

　同様に、信仰生活においても、環境や試練や逆境に影響を受けずに、いつも感謝することを、オールウェザー感謝と呼べるだろう。

　雨が降る日は、あらゆるものをきれいに洗い流してくれることを感謝し、風が吹く日は、木や植物の根が深く張られることに感謝し、太陽が照りつける日は、穀物がよく実るので感謝する。暑ければ暑いなりに、寒ければ寒いなりにすべてのことを感謝するのである。

　神様が季節を下さったのは、多様な人生の中で多くのものを楽しみ、豊かな人生を味わうためである。

　今日一日も、すべてのことに感謝である。

3-16

感謝欠乏症

　朝鮮日報新聞の論説委員であったイ・ギュテは、彼の文章の中で、韓国人が持っている共通の病は「感謝欠乏症」であると言った。

　店で品物を購入した後、出ていく客に向かって「ありがとうございます」と言う代わりに「またお越しください」という自己中心的なあいさつをし、子どもたちにおもちゃを買ってあげると「ありがとう」の代わりに「やったー」という言葉が先に出て、タクシー停留所で忙しそうな人に順番を譲ってあげても「ありがとう」という言葉を聞くのが難しいからである。

　反対に、外国のあらゆる先進国では、日常的に最も多く使われる50の言葉の28％が「ありがとう」という言葉だそうだ。

　彼らは、服1着、新聞1部買う時も「ありがとう」と言う。それほど感謝が生活に密着しているということだ。

　今日一日も、出会う人々が皆、感謝で人生を染める、幸せな日となるように祝福を願う。

感謝はより大きな祝福を呼び寄せる

　アメリカのある女性教師が、夏休みを山で過ごしていたため、学校から「次の学期の教科過程についての計画表を提出し、会議に参加するように」という知らせを受け取ることができなかった。結局彼女は会議に参加できず、職を失ってしまった。

　彼女は、「すべてのことについて感謝しなさい」という聖書の言葉を知っていたので、この状況が神様の言葉を実行する機会であると考えた。彼女は、職を失ったにもかかわらず、絶望と闘いながら、神様を賛美し、感謝をささげた。

　何日かして、隣の家の人と話をしていると「あなたはまことのクリスチャンですね。あなたのような人が、キリスト教の学校で学生たちを教えてくれたらと思います。私の息子が通っている学校の校長先生を紹介しますから、一度会ってみてください」と言われた。

　彼女は、その校長先生に会った。驚いたことに、1年生の教師の職が空いているということだった。結局彼女は、普段から望んでいたキリスト教の学校に勤めることになった。

　感謝は、より大きな感謝が入ってくる門を開く。感謝は、より大きな祝福を呼び寄せるのである。

一番怖い刑罰

　日本の有名な神学者、内村鑑三はこう語っている。
「神様の刑罰は、事業の失敗でもなく、生活の困難でもなく、肉体の病でもなく、家庭の不和でもない。神様の刑罰は、神を知ることができず、将来にある天国を見ることができないことだ。聖書を読んでもその意味が分からないことであり、感謝の心がないことだ。これが、まことの災難であり、一番怖い刑罰である」
　その通りだ。感謝がなければ、それは一番不幸で一番怖い刑罰なのである。

家族に感謝の言葉を伝えよう

　31歳のある女性が、最近インターネットに「ある末期がん患者の話」という文を載せた。夫と5歳になる息子がいるこの女性は今、限られた人生を送っている。彼女は一日を一生のように大切に生き、インターネットに哀しく切ない心情を載せている。女性の文章は、今の時代を生きる家族に大切なことを教えている。
　「私の強い願いは、息子の小学校入学式まで生きることです。息子が私の顔を覚えていてくれるから。……今は、情が移らないように息子にわざと冷たく接しています。息子との別れの時間がだんだんと近づいているから。……出勤する夫の後ろ姿を見送りながら、とめどなく涙が流れます」
　今、自分にとって一番大切なものは何だろうか。世界平和や人類救済のような大それたものではなく、自分の妻、夫、子ども、親こそが最高の宝である。今日、家族に「愛している」と感謝の言葉を伝えよう。本当に大切なものは、自分のそばにいる人なのだから。

20

失ったものより得たものの方が多い

　第二次世界大戦の時、ハロルド・ラッセルは攻守部隊員として戦場に行き、両腕を失った。からだが不自由になった彼はひどく落胆し、絶望しながら神様に叫んだ。すると、神様は彼に語られた。
　「それでも、失ったものより、得たものの方が多いではないか」
　ラッセルは、静かに考えてみると、自分にはまだいのちがあり、両目があり、両耳があり、両足があることに気づいた。実は、失ったものより、与えられているものの方が多かったのだ。考えが変わった彼は、医師に頼んで義手を作ってもらい、パソコンが打てるように一生懸命練習した。そして自分の生涯をまとめ、本を出した。さらに映画『我等の生涯の最良の年』に戦争で負傷した水兵役として出演し、その映画がアカデミー賞を受賞したのである。
　ある記者が彼に尋ねた。「あなたは、身体的なことについて絶望しませんでしたか」
　「いいえ。私の肉体的な障害は、むしろ大きな祝福となりました。皆さんも常に、失ったものを数えるのではなく、神様から受けたもの、与えられているものを考えなければなりません。その恵みに感謝しつつ、それを用いる時、より多くの可能性が前に開かれていくのです」

感謝は先延ばしにしない

「私の幼少時代を振り返ってみると、実に多くの人々が私を助けてくれたということを悟った。

ところが、私を助けてくれた多くの人々に、私が直接感謝を表す前に、彼らの大部分がこの世を去ってしまったことを思うと心が痛む。

内向的な性格のゆえに、まともに感謝の言葉を伝えることができなかったことを、今はとても後悔している。

感謝とは、少しでもためらったり先延ばしにしたりしてはいけないもので、その時すぐに表さなければならない。

そうでなければ、必ず後悔することになる」

シュバイツァー

3|22

私は逆境の時に神様に感謝する

　「三重苦の少女」ヘレンケラーは、生後19カ月の時に熱病にかかって視力を失い、聞くことも話すこともできなくなってしまった。しかし、7歳の時から家庭教師サリバン女史に教育を受け、1900年にラドクリフ女子大学（現ハーバード大学）に入学し、世界で最初に大学教育を受けた盲・ろうあ者として、1904年に優秀な成績で卒業した。

　多くの人が、逆境の中でも希望を失わずに自分の志を成し遂げた人として彼女を覚えている。しかし、何よりも私たちが彼女から見習わなければならないことは、自分が直面している状況を認め、その状況自体に感謝する態度である。

　「私は逆境に対して神様に感謝します。なぜなら私は逆境のゆえに自分自身、自分の働き、そして神様を見いだしたからです。私は、目と耳と舌を奪われましたが、私の魂は失われなかったので、すべてのものを持っていることと同じです」

　逆境は神様のラッパの音だ。この方の思いと声を聞いて、勝利する歩みで感謝の生活を送ろう。

感謝人生、イ・ギジェ牧師

　私が尊敬する牧師の中で、教会を引退して長老牧師になった後、韓国のプチョンで「サンドンの小さな村の図書館」を運営し、小さな夢の木を育てている先生がいる。この方は、自分の人生を自ら「感謝人生」と呼び、現役の時より忙しい日々を送っている。さらに小さな子どもたちと一緒にいるせいか、とても若く見える。また、私に時々感謝に関するメールを送ってくれる、いわゆる「感謝牧師」である。次の文は、少し前に送られてきた感謝メールだ。

　「私は顔があることに感謝する。私にこのように顔があり、ご飯が食べられ、顔を洗うことができ、ひげを剃ることができ、毎日人と向かい合うことができて感謝である。この顔で、泣く日より明るく笑う日の方が多いことに感謝。顔を下さった神様に向かって、感謝にあふれた笑顔で、日々厚意に報いる心で生きているので幸せである。顔の中に笑顔があり、顔の中に健康があり、顔の中に幸せが刻まれているので、私はとても感謝している」

　　　　　　　　　　　　感謝人生、牧師イ・ギジェ

26

私がもらったプレゼント

　感謝は「自分がもらったものを、もらったと話すこと」である。今日、自分がどれほど多くのものをもらったか、一度考えてみよう。私たちは、今日一日を生きることができるいのちと、朝昇ってくる太陽と、新鮮な空気をプレゼントとしてもらった。
　そして、朝起きて「おはよう」と言える家族と、夜の間眠ることができる家をもらった。また、働きに行く職場と、気分良くあいさつを交わすことのできる多くの人をもらった。
　また、私たちには歩くことのできる足、物を持ち上げることのできる手、この世を見ることができる目と、話を聞くことができる耳がある。生きて動くことができるだけでも、どれほど大きな祝福であろうか。
　このことがどれほど大切で尊いものなのかを私たちが知るなら、人生から「感謝」がなくなることはないだろう。
　幸せな人生を約束する鍵は感謝である。感謝する人の人生ほど幸せな人生はない。

足りない時こそ感謝しなさい

　私たちが感謝するのは、暮らしや条件が少し良くなったからではなく、恵みのゆえに感謝するのである。この恵みを悟ることができなければ、計算高い人生となり、条件や暮らし向きだけを見て、不満と不平を募らせるようになる。
　ある息子が、おつかいばかり頼まれるのに何の見返りもないと、母親に請求書を書いた。
　── 請求書 ──
　「スーパーへ買い物３回で1500ウォン。居間の掃除200ウォン。妹の世話1000ウォン。布団を畳んだこと１週間分で1400ウォン。合わせて4100ウォン」
　（1000ウォンは約100円）
　これを受け取った母親は、とてもおかしくて笑った後に、息子にこのような請求書を渡した。
　── 請求書 ──
　「出産費無料！　養育費無料！　病院費無料！　今まで食べさせてあげたものすべてタダ！　公園に連れて行ってあげたこと無料！　家族旅行費無料！　合わせて無料！」
　私たちが救いを受け、健康で呼吸をし、生きていることは、すべて神様の恵みの連続である。そのため、私たちはすべてのことに感謝しなければならないのである。

3/28

特別な感謝杯

　エベン・エゼル教会の牧師、ユン・インチャンの「特別な感謝杯」のストーリーは、教会を開拓する多くの牧師と信徒に静かな感動を与えている。

　彼は2003年、教会を開拓し、ほとんどの開拓教会と同じように、人手不足と財政困難、共に礼拝をささげる信徒がいないという痛みを味わった。一番信頼していたご家族までが去ってしまった時の虚脱感は、到底口では言い表せなかった。結局3年の間にすべての信徒が去り、ナドエおばあさん一人だけが残った。ユン牧師は疲れ果て、心の傷のゆえに教会を閉めたいと思うほどであった。

　「おばあさんさえ来なければ、すぐに教会をやめることができるのに」

　恥ずかしながらユン牧師は、日曜日ごとに何度もそう思ったそうだ。だからといって、おばあさんに来ないでほしいと言えるわけもなかった。しかも、おばあさんの片手は中風のため麻痺しており、耳は遠くてメッセージもよく聞き取れないのだった。

　毎週日曜日、雨が降ろうと雪が降ろうと、天候が優れなくても休まずに教会に来られるおばあさんのため、教会をやめることができず、1週1週を耐えて3年がたった。神様はユン牧師に、一人のいのちがこの全世界よりも尊いことを教えられた。そうして3年の訓練の期間が終わると、神様は信徒を送り始め、今は100名あまりになる信徒が集まって礼拝する、美しい共同体を作られた。

　その後、2009年2月に、神様は新しい礼拝堂を与えられた。拡張する前に感謝礼拝をささげた日、一番記

憶に残った人は、献金を多くした人でも伝道をたくさんした人でもなく、あのナドエおばあさんであった。

　今日に至るまで、不自由なからだを引きずりながら、礼拝堂の席を守り続けたおばあさんに、心をこめて「特別な感謝杯」を渡す時間を持った

　「ナドエおばあさんの小さな歩みのおかげで、今日の私があり、今日のエベン・エゼル教会があります。からだが不自由で歩く力もなく、持っているものも少ないおばあさんのその祈りが私を立ち上がらせ、エベン・エゼル教会を建て上げました。エベン・エゼル教会８年の歴史の中で、私たち夫婦が倒れず、落胆しないよう最後まで残り、力を奮い立たせてくださった、一番の祝福であり尊いナドエおばあさん。心から本当に感謝します」

29

感謝を妨げる敵

　人の欲は底なしで、終わりがないと言う。
　この言葉のように、世の中のもので満たすことができないものこそ、人の欲である。
　強く願ってそれを手に入れると、感謝するのではなく、また別のものが欲しくなる。もっと多く……より良いものを……
　欲と感謝は共存することができない。
　程良い意欲は薬になるが、限度を知らない欲は毒になる。

感謝が脳に与える影響

　感謝する心を持つようになると、人のからだと心は互いに相乗効果をもたらし、"ウェルビーイング"（健康的な状態）を作るようになる。
　精神医学者であり神経科学者でもあるエイメン博士は、考えや感情、行動は、脳の機能に直接影響を与え、脳の血液量が変化することを、MRIを通して目で見ることができる形で証明した。すなわち、否定的な考えや感情にとらわれる時、全体的に血液の量が減少するのだが、特に小脳の血液量が大きく減少する。また、右側の左脳皮質活動が一時的に鈍くなるという現象も見られる。さらにその研究結果を通して、否定的な考えをすると、統合的な動きを司る小脳の機能がほとんど停止してしまうという事実が分かった。
　結果として、否定的な考えは、怒り、敵対心、絶望感、心配、不安感、うつのような感情を誘発し、否定的で破壊的な行動を引き起こすが、それとは反対に、感謝する考えや感情を覚える時、脳の血液量が大きく増加することが分かった。
　このように、エイメン博士は人が感謝する時、脳の活動が活発になり、すべての部位が最大限の機能を発揮すると強調している。

31

ガス欠に感謝

　ある夫人が、「車のガス欠がこんなに感謝なことだなんて」と言いだした。
　そしてこのようにつけ加えた。
　「初め、ガス欠になった時は愚痴をこぼしたのよ。
　『なぜこの近くにはガソリンスタンドがないのかしら？』ってね」
　それを聞いていた人たちがけげんな様子で「それでどうして感謝するようになったの？」と尋ねた。
　彼女はこう答えた。
　「昨日車を盗まれたの。でも、ガソリンが底をついていたので、泥棒は30m走ったところで仕方なく車を置いて逃げたの。もしガソリンが十分に入っていたら、永久に車は戻ってこなかったでしょうね」

April 4|1

感謝を知らないつぶやき屋

　文句ばかり言うくせのあるベンという少年がいた。彼は、家族や友だちにはもちろん、天気などの些細なことにもいちいち不平を言い、周りの人たちの気分を害していた。そんなある日、ベンは本を読んでいて次のような文章に出会った。

　「与えられるすべての恵みに対して、神に心から感謝するなら、不平を言ったり悲しんだりする時間はない」

　ベンはこの文章を読み、自分の満足を知らない心のせいで、今まで神様から絶えず注がれていた贈り物を見ることができずに過ごしていたことを悟った。それで彼は、腹が立ったり不平を言いたくなるたびに、自分に与えられている良いものについて考えたり、神様に感謝するようにした。結局彼の考えの変化は人生の変化へとつながり、彼は不平の人から感謝の人へと変わった。

　感謝する態度がすべてのクリスチャンの性質とならなければならない（エペ5：20）。私たちが不平を言うよりも祝福を数えて生きるなら、月日がたってみると人生のすべてが違う姿になっていることだろう。

4│2

感謝の姿

　幼い時に小児麻痺にかかり、からだが不自由となったあるアメリカ人の家に泥棒が入った。財産を失った彼に、友人が慰めの手紙を送ったのだが、彼はこのように返事を書いた。

　「手紙をありがとう。しかし、実は私は今、心がとても穏やかだ。なぜなら、まず、泥棒は私の持ち物だけを盗んでいき、私のいのちには手をかけなかったからだ。

　次に、泥棒が持っていった物は財産の一部で、全財産ではなかったからだ。

　最後に、一番重要なことだが、私が盗みを働いたのではなく、他人が私の物を盗んだからだ」

　このような価値観を持っていたため、彼はすべてのことに肯定的な態度であり、後に並外れた成功を収めた。彼はアメリカの第32代大統領フランクリン・ルーズベルトであり、アメリカ史上唯一4期連続就任という栄誉を受けたのである。

感謝の羅針盤

　私たちが最初にしなければならないことであり、最も基本的なことは、感謝する心を持つことである。

　日々感謝することを常に考え、口で繰り返し言い表していれば、他の雑念などは脇に追いやられ、感謝することがあふれるようになるだろう。

　羅針盤をどんなに振っても、結局南北を指し示すように、どんな環境や条件も、感謝の心を奪うことはできないのである。

4

小さな感謝

「私がつらい時、あれこれ問い詰めたりせず、ただ黙って祈ってくれる友人を下さり感謝します。

私の中にある、鳥のようにあちこち飛び回る心配事が、少しの間羽を休める木のような友人を下さり感謝します。

つらくなくても、ふと寂しく感じる時、そのことを悲しむ前に、私が他の人たちを寂しくさせているということに気づかせ、悲しむ心を与えてくださり感謝します」

イ・ヘイン

古い運動靴

　彼は、3人の子どもたちに運動靴を買ってあげることもできないほど経済的に苦しい境遇であった。

　ある日、洗濯機まで故障し、広告を見て中古洗濯機を売ってくれるという家を訪ねていった。

　その家はとても大きく素敵な家で、そこにある最新式、最高級の家具やキッチン用品を見ると、とても落ち込んだ。彼はご主人と奥さんに、自分が経済的な余裕がなく、中古洗濯機を買わなければならないこと、そして、2人の息子たちがどれほどわんぱくで、靴がすぐにすり切れてしまうかを話した。すると、夫人が突然下を向いて部屋から飛び出してしまった。しばらくしてご主人がこう言った。

　「私たちの娘は障害のため、生まれてから12年間、一度も歩いたことがないのです。たぶん、妻はあなたの子どもたちの話を聞いて、娘を不びんに思ったのでしょう」

　家に戻った彼は、玄関で子どもたちの古い運動靴を見た。そして、その場に座り、神様に祈りをささげ始めた。自分の不平に対する悔い改めと、健康な子どもたちに対する感謝の祈りを。

4│6

欲望には終わりがない

　あるものを切実に求め、手に入れたとしても、それを得たことに対する感謝は長くは続かない。その理由は、また他のものを求め、より多くのものを欲するようになるためだ。

　このように、私たちの欲は神様でも満たすことが難しい。人間の欲には、終わりがないからだ。すでに持っている時は、その大切さがよく分からない。失って始めてどれほど大切だったのかを悟るようになるのだ。

　失った後で悟ってももう遅い。残念ながら私たちは、そのことを知っていても心の底で悟ることはできない。そのため、同じ痛みと後悔を繰り返しながら生きているのである。

　欲を捨てて、自分にあるもの、小さなことに感謝する練習をしなければならない。そして、最初から一つ一つ自分の心を作り直していかなければならないのである。

　小さなことを感謝する心からである。

心を低くすればすべてのことが感謝だ

　聖書に書かれているヨブの苦難は、世界のすべての人の苦難を代表するほどひどいものであった。莫大な財産を一瞬にして失い、子どもたちも皆失い、頭の先から足の先までできものができ、友人たちもヨブを慰めるどころか嘲弄し、妻さえ夫を理解できず、のろったのである。しかし、そのようなひどい苦難の中でも、ヨブはこのように告白した。

　「私は裸で母の胎から出て来た。また、裸で私はかしこに帰ろう。主は与え、主は取られる。主の御名はほむべきかな」（ヨブ1：21）

　「裸で」とは、生まれたばかりの赤子を指す。それは、何も持っていないことを表す。すなわちヨブは、自分の心をゼロの状態にまで低くしたため、感謝できないことはないと言ったのである。感謝は無から始まる。無から出発すれば、すべてのものが感謝である。服一枚、ごはん一膳、息を吸う空気、暖かい日差し、美しい自然……

　これらすべてが感謝の対象となる。

4｜8

イスラエルの人々の生きる姿勢

　旧約聖書のイスラエルの人々は、エジプトで奴隷としてみじめな人生を歩んでいた。当時奴隷は、家畜のように扱われていた。そんな彼らを神様があわれに思い、自由の身と解放してくださったのだ。これがどれほど感謝にあふれることであろうか。しかし、彼らは紅海を渡った時しか感謝せず、カナンの地に向かう間中ずっと荒野で不平をつぶやいたのである。

　荒野で神様が下さったマナ（パン）を食べた時も、初めは「蜜を入れたせんべいのよう」だと感謝をしたが、しばらくすると、同じマナに対してつぶやいた。

　民は、道が平らでないと不平を言い、飲む水がないとつぶやき、肉がないと文句を言い、指導者がふさわしくないと不平を言い、さらにはからだに良い食べ物を食べられないため力が出ないとつぶやいた。一言でいえば、彼らの人生は、不平製造業者の人生であった。

　その結果、彼らはつぶやき、恨み事を言いながらカナンの地を踏むこともできず、不幸な一生を終えたのである。

4|9

感謝の証拠

　キリスト教は感謝の宗教である。聖書には感謝の賛美、また、ハレルヤという言葉が無数に出てくる。礼拝の動機も感謝にある。

　「感謝の歌をもって、御前に進み行き、賛美の歌をもって、主に喜び叫ぼう。主は大いなる神であり、すべての神々にまさって、大いなる王である」
　　　　　　　　　　　　　　　（詩篇 95：2 〜 3）

　「すべての事について、感謝しなさい。これが、キリスト・イエスにあって神があなたがたに望んでおられることです」（Ⅰテサロニケ 5：18）

　「知れ。主こそ神。主が、私たちを造られた。私たちは主のもの、主の民、その牧場の羊である。感謝しつつ、主の門に、賛美しつつ、その大庭に、入れ。主に感謝し、御名をほめたたえよ」（詩篇 100：3 〜 4）

　聖書の詩篇 136 篇には、26 回の感謝が出てくる。今日一日も感謝で始め、感謝で終わる歩みとなることを願う。

人生の出発は？

　ある人はこう言う。
　「冬は雪があって良いし、春はすべてが生き返るようで良い。夏は草木が生い茂って良いし、秋は実がなるから良い」
　反面、ある人はこのように言う。
　「冬は寒くて嫌で、春は黄砂のために嫌だ。夏は暑くて嫌で、秋は孤独を感じるから嫌だ」
　このような人は、冬が来れば夏を思い、夏には冬がいいと思うので、幸福な時がない。
　狭い家に住んでも、寝る場所があってうれしいと思う人は幸せな人であり、狭くて何もできないと思う人は不幸な人である。
　小さなことに感謝する人は幸せな人であり、ある人はそのように生きるが、「もう私はどうしてこうなの！」と比較する人は不幸な人である。
　朝、「よく寝た！」と目を覚ます人は幸せの出発点から始まり、「気分悪いなぁ」とぐずぐずつぶやく人は、不幸の出発点から一日を始めることになる。

感謝の表現

　韓国語で、感謝の代表的な2つの表現は「感謝します」と「ありがとう」である。

　韓国語固有の表現は「ありがとう」で、「感謝します」は、「感謝」という漢字から来た言葉なので、「ありがとう」だけを使おうという人たちがいる。

　しかし、すでに「感謝します」は「ありがとう」より品格がある表現であるかのように定着してしまっているため、どうしたら良いだろうか。

　放送業界出身のイ・ゲジン議員がアナウンサー時代、ニュースの最後のコメントを「感謝します」にするか「ありがとう」にするか悩んだという。

　そして結局彼の口から出た言葉は……

　「感謝がとう！」

4-12

のろわれた人生

　日本に、内村鑑三という神学者がいた。彼は「感謝は、恵みに対する当然の応答」であると語り、この世には3つののろいがあると言った。
　1つ目は、神様が信じられないことだ。どんなに信じようとしても信じることができない。これは、見捨てられた魂である。
　2つ目は、メッセージを聞いたり聖書を読んだりしても、神様の言葉として聞こえてこないことだ。単にこの世の知識としてだけしか感じないのである。
　3つ目は、感謝する心がない人だ。恨みや不平でいっぱいの人生を歩むことである。
　このような人生こそ、のろわれた人生である。

4つの悪い習慣

「喫煙、運動不足、悪い食生活、およびアルコール摂取」
この4つの悪い習慣が、人を12年老けさせるという研究結果が、アナルズ・オブ・インターナル・メディシン誌に掲載された。

オスロ大学のエリザベス・カービック博士は、5000名のイギリスの成人を20年間追跡調査した。対象者の中で4つの悪い習慣がある人は314名であり、そのうち91名は研究期間中に亡くなった。反面、4つの習慣がない387名の健康な人の場合、研究期間中に亡くなった人は32名に過ぎなかった。

老化を早める危険な行動は、喫煙、また、お酒を男性は一日3杯以上、女性は2杯以上飲むこと、そして1週間当たりの運動量が2時間未満であること、野菜や果物の一日摂取数が3回以下であることだった。このような習慣が複数ある場合、死亡の危険性はさらに増加し、身体年齢は健康な人と比べると、12年老けているという結果になった。

悪い習慣が12年人を老けさせ、死亡の危険性を高くするなら、明らかに良い習慣、健康な習慣は人を健康にし、12年以上長生きさせることは当然のことである。習慣の中でも最高の習慣は、すべてのことに感謝する習慣である。

4 | 14

説教をそのまま語った恵み

　イギリスの有名な説教者スポルジョンが地方を旅行している途中、ある小さな教会で礼拝をささげた。
　スポルジョンは、その日牧師の説教を聞き、深く感動して涙を流した。そこで礼拝後、その牧師のところに行き、説教でとても恵まれたとあいさつをした。そして、自分がロンドンのニュー・パーク・ストリート・バプテスト教会の担任牧師であるスポルジョンだと自己紹介をした。するとその牧師はとても驚き、突然スポルジョンに赦しを求めた。その牧師は、その日の説教がスポルジョン牧師の説教集からそのまま話したものだと言った。その言葉を聞いたスポルジョンは、さらに涙を流しながら牧師の手を握り、こう言った。
　「神様、感謝します。私が作ったパンを、今日他の人を通して私にまた食べさせてくださり、さらに感謝です」
　神様の恵みは、このように謙遜で感謝する人に臨むのである。

指輪を失くした娘の不平

　感謝すれば、不幸な状況も変わってくる。
　ある娘が指輪を失くし、家に帰って怒りながら不平を言った。彼女は指輪を失くしたことで、幸せとプライド、生活まですべてを失ったかのように絶えず文句をこぼしていた。このような娘を見た母親が笑いながらこのように言った。
　「ねえ。指を失ったのではないことを感謝しなさい。あなたの指はそれでも残っているじゃない。指まで失くしていたらどうなっていたと思う？　指輪ならまた買うことができるけど、指は二度と買うことはできないでしょ」

4│16

感謝の祈り

　ある日、清教徒である農夫が、無神論者だと主張するある知識人を食事に招待した。

　食事をする前、農夫は、いつもの通りに祈ろうとした。しかしその知識人は、「祈りは18世紀の人間の古い遺物だからやめたらどうか」と言った。

　農夫は仕方なく一人で祈った後、「うちにもあなたのような家族がいるよ」と言った。

　その言葉を聞いた知識人は、「それは良かった。私と同類の人がいてうれしいよ。誰だい？　大学に通う息子さんかい？」と尋ねた。

　「いいえ。うちで飼っている豚ですよ」

　農夫は、神様に感謝することを知らない人は豚と変わらないと言ったのだ。

増えていく引きこもり

　感謝する人はあまり寂しさを感じないということは、重要な発見である。

　日本で、一人で家の中に引きこもって外に出ず、いっさいの社会活動や対人関係を避ける「引きこもり」が現在100万人に及ぶという。

　引きこもりは、人によって3〜4年、ひどい場合は10年以上を部屋に閉じこもって過ごすという。彼らの特徴は、家族はもちろん、誰とも対話をせず、昼に寝て夜になると起き、テレビを見たりインターネットに没頭し、自己嫌悪や喪失感、またはうつの症状が見られ、親に甘え、ひどい時は暴力まで振るうこともあるという。

　引きこもりの生活の一番大きな問題は、対人関係を避けるということだ。人を遠ざけることが、その人の人生を病に導くのである。

　では、感謝はなぜ幸せな人間関係において重要なのであろうか。感謝は相互関係を促進させ、実際に「互いに相手を思いやる」基盤を作り上げる心理的メカニズムの始まりだからである。

4│18

感謝は不治の病もいやす

　日本の海軍将校であった川上喜一は、第二次世界大戦後、故郷に帰ったが、目も当てられないほど変わり果てた姿に、一日一日生きることが腹立たしく、不平不満ばかりが募っていった。そしてついに彼は全身が固くなり、少しも動くことができない病にかかってしまった。

　その時、幸いにも精神科の医師である藤田氏に出会った。藤田氏は彼に「毎日『感謝します』という言葉を、１万回言いなさい」と言った。彼は嫌々ながらも、床に就いたまま、毎日「感謝します」とくり返し言い続けた。

　ある日、息子が柿を２つ持ってきて「お父さん。柿をどうぞ」と言った。喜一は息子に「ありがとう」と言いながら手を伸ばすと、不思議なことに手が動き、次第に固く硬直していたからだも動くようになっていった。口先だけであった感謝が実質になり、不治の病がすっかり治ったのだ。

　このように「すべての事に感謝しなさい」というみことばは、単純な宗教的教えではなく、私たちの人生をすっかり変えてしまう祝福の秘密である。

　感謝は感謝を生みだし、不平は不平を生みだすのである。

感謝のあいさつ

家族に対する感謝のあいさつで一日を始めてみよう。
幸せが訪れる音が聞こえてくるだろう。
この家に生まれてくれてありがとう。
今まですくすく育ってくれてありがとう。
好き嫌いなく食べてくれてありがとう。
私と一緒にいてくれてありがとう。
ほめてくれてありがとう。
お皿洗いをしてくれてありがとう。
子どもたちと遊んでくれてありがとう。
私をありのまま愛してくれてありがとう。
友だちと仲良くしてくれてありがとう。
いつも笑ってくれてありがとう。

4 | 20

感謝は恵みを受け取る器

　日本の神学者、内村鑑三は「感謝は恵みを受け取る器」だと言った。この感謝の器が大きければ大きいほど恵みが大きく臨み、感謝する器が多ければ多いほど恵みも多く臨むということだ。

　この世に暮らす私たちは、人々から恵みをもらったり、人々に恵みを与えたりして多くのことを学ぶ。そして大概は、他人から恵みを多くもらって生きる人より、他人に恵みを与える人の方が良い暮らしをしている。

　もらう人は、より多くもらうことを好む。もらったことに対して満足するより、もっと多くもらえなかったと残念がる。しかし、恵みを与えることを好む人は、与えてもさらに与えようとし、得た利益を考えるより、分け与えること自体に満足して生きている。

　このような人たちの生活は、常に幸せであり、余裕がある。神様は、恵みを与えることは貸すことだとおっしゃられた。私たちが他人を助けることは、他人に貸すことと同じである。いつか必ず、神様が返してくださるのである。そのため、恵みを与える人は心豊かに生きることができるのである。

4|21 愛します。感謝します

澄んだ空気
晴れた空
生きて呼吸するこのいのちを感謝します。
渓谷の小川のせせらぎ
木々の間を抜けるそよ風の音
カササギを友にし、寂しい細道を歩いていると
愛する人たち
会いたい人たち
心に彼らを思い浮かべながら
思いをめぐらせると
奇跡のように近づいてくる毎日の歩み
この一日の主人公が私であるということに
限りなく感謝します。

4-22 使徒パウロの告白

　聖書に登場する使徒パウロは「すべての事について、感謝しなさい」（Ⅰテサロニケ5：18）、「いつでも、すべてのことについて、私たちの主イエス・キリストの名によって父なる神に感謝しなさい」（エペソ5：20）という聖書の言葉のように、クリスチャンはいつでも感謝の人生を歩まなければならないと語った。

　では、パウロの感謝と感激は、どこから来るのだろうか。

　まず、彼は過去に自分がどれほどひどい罪人であったのかを悟った人であった。彼は自分がどれほど多くの罪を犯し、罪人のかしらであったかを知っていた。神様から罰を受け、死んでも当然な罪人であることを深く悟っていた。

　次に、キリストを通して注がれる神様の恵みがいかに大きいかということを悟っていた。

　言い換えれば、その多くの罪を神様がキリストの十字架を通してすべて赦してくださり、きれいに洗い流してくださり、それだけでなく自分のような罪人に使徒の職まで任せてくださったことに感謝、感激し、どうしたら良いのか分からないほどであった。悟った者だけが感謝をすることができる。パウロは深く悟ったので「神の恵みによって、私は今の私になりました」と告白することができたのである。

感謝の感力

「感謝は、自負心や自信を与え
変化や危機に対する対処能力を増進させる。
感謝は最高の抗がん剤であり、解毒剤であり、防腐剤である」

　　　　　　　　　　　　　ジョン・ヘンリー

4｜24

先に心配をするな

　昔、中国の杞という国に、くだらない心配をする人がいた。彼は、しなくてもよい心配をして夜も眠れず、食事もろくにできなかった。それを見た知恵のある友人が言った。
　「おい。友よ。空には空気があるだけだ。だから空気がないところはない。我々がからだを動かし、呼吸ができるのも、すべて天の中でしていることだ。なのになぜ、天が崩れ落ちてくると言うのか」
　「天に空気しかないのなら、太陽や月星が落ちてきやしないか？」
　「太陽や月星などもやはり空気の中で光を放っているのさ。たとえ落ちたとしても、我々が怪我をすることなどないよ」
　「じゃあ、地面が裂けることはないかい？」
　「地面の上を我々が歩き、家も建てているのに、なぜ地面が裂けるんだい。心配しないで、安心して暮らせよ」
　友人の説明を聞いて、彼はようやく安心した。この話から「杞人憂天」ということわざが生まれたのだ。「杞憂」という言葉は、いらぬ心配を表す言葉である。

感謝の態度

　人生の一番大きな失敗は、一瞬一瞬を感謝の心で受け止めることができず、すべて不平や文句で過ごしてしまうことだ。

　なぜ今この瞬間、人生に感謝することができないのだろうか。大金ではないが、それなりのお金を稼ぐことができ、健康であらゆることができること、これがどれほど感謝なことであろうか。すべてを感謝の心で受け止めること、これが幸せになる一番根本的な道ではないだろうか。

　目の前の現実にとって重要なことは、それをどのように受け止めるかである。

　今日も、不平の眼鏡ではなく、感謝の眼鏡で日常を見つめていこう。

4｜26

砂漠で水のありがたみを悟る

　人は、逆境の中でようやく神様の恵みを悟り、感謝するようになる。これはまるで、砂漠で水のありがたみを悟るようになり、寒い冬に日差しのありがたさに気づき、空腹の時にご飯一口の大切さを知り、病床で健康がどれほど尊いものであるかを悟るようになることと同じである。

　人生において、不平や不満がなく、満足と感謝の生活をするなら、すでにその人の心の中は天国である。それゆえ信仰の先輩たちは、彼らの人生が感謝の人生となるように努力し、他のすべての聖徒たちにも感謝する生活を教えたのである。

　「全地よ。主に向かって喜びの声をあげよ。喜びをもって主に仕えよ。喜び歌いつつ御前に来たれ。知れ。主こそ神。主が、私たちを造られた。私たちは主のもの、主の民、その牧場の羊である。感謝しつつ、主の門に、賛美しつつ、その大庭に、はいれ。主に感謝し、御名をほめたたえよ」（詩篇100：1〜4）

奇跡の恵みの雨

　1874年から3年に渡るひどい干ばつで、アメリカ東部のミネソタ州は、文字通り死の地と化した。追い打ちをかけるように、おびただしい数のバッタの群れまでやってきて、干ばつの中でやっと残った農作物まで食べられてしまうという、最悪の状況になってしまった。住民たちにとって最もつらかったことは、将来に対する恐れであった。このような状況の中で1877年、4月27日に行われたミネソタ州知事の演説は、州民たちを感動させた。

　「私たちにはまだ希望があります。神様は、このような試練を通して必ずもっと良いものを下さるでしょう。たとえ農業が台なしになったとしても、健康に生きていられることを感謝し、『苦痛の日』である今日を『感謝の日』に定め、神様に感謝の祈りをささげましょう」

　ミネソタ州の人々は、州知事の呼びかけに応答し、家庭や教会の大小の集まりで、感謝の祈りをささげた。彼らの祈りは、神様にささげるいのちがけの切実な祈りであった。ところが、その日以降、実に信じがたい奇跡が起きた。野原を埋め尽くしていたバッタの群れが去り、渇いた大地に恵みの雨がしっとりと降り始めたのだった。彼らは口をそろえて、神様が自分たちの感謝の祈りを聞き入れ、施してくださった祝福であると喜んだ。

28 囚人と会社員の共通点

「囚人と会社員は、大部分の時間を狭い空間で過ごす。しかし、囚人は、一日に3食温かいご飯をただで食べ、会社員は、食事をするために全力疾走しなければならず、食費も自分で払わなければならない。

また、囚人は行いが良ければ減刑になることもあるが、会社員は、仕事ができればまるで罰を受けるようにもっと多くの仕事を与えられる。

囚人は、看守が直接門を開閉してくれるが、会社員は、門の開閉は当然自分でするばかりか、社員証を持っていなければ出入りすることもできない。

また囚人は、家族や友人たちが訪問することができるが、会社員は、家族や友人の訪問や電話、またはメールのやり取りが問題で解雇されることもある。

その上、囚人が生活するすべての費用は納税者たちが払い、そのために彼らがその分働かなくてはならないわけではないが、会社員は、職場までの交通費も払わなければならず、給与から囚人たちが生活する費用を税金として払わなければならない。

それだけでなく、囚人はコンピューターゲームを楽しむことが許されるが、会社員は、テレビを見たりゲームをしたりしていると、解雇される」

この文章を書いた人はおそらく、職場を刑務所のように、上司を指導官のように考えているのだろうと思われる。実に不幸だと思う。

もし感謝の祈りの代わりに、要求と不満の祈りばかりをささげているなら、刑務所の囚人と特別変わりがないのである。

私がもらった賜り物

　ノートルダム寺院のあるオルガン演奏者は、視覚障害者であった。しかし彼は驚いたことに、オルガンの数多くの鍵盤をすべて用いて演奏するばかりでなく、バッハの曲を演奏する世界的な権威者であった。彼の演奏の腕前に感嘆したある人が「どうしてそのようなすばらしい演奏をすることができるのですか」と質問した。

　彼はにっこり笑って「私は他のことはできませんから」と簡単に答えた。

　彼は、見ることはできなくても聞くことができることに感謝をした。彼は目が見えないため、耳で人生を生きた。彼は耳を神様が下さった尊い賜り物として受け取った。持ってないものを欲しいと恨んでばかりはいなかった。目はなくても耳があり、手があり、足があり、演奏することのできる繊細な心があることを感謝した。

　持っているものを賜り物として受け取り、大切に用いる人には栄光がある。持っているものを大切なものと思えず、ないものについて恨み事を言う人は、結局失敗者として歩むしかないのである。

一生感謝

　幸せはとても小さなことから始まる。まず朝、平安のうちに眠りから覚め、まぶしい太陽の日差しを受けて一日を始めることができることに感謝しなければならない。
　「ああ、神様、感謝します。今日も私に一日を与えてくださいました。美しい世界を感謝します」
　そして水を1杯飲みながら、今日の働きを考えてみる。水を飲むことができるのも感謝すべきことである。もし体調が悪かったり、病院に入院していたりするなら、このように自由に冷蔵庫を開けて水を飲むことができるだろうか。そう考えると、生きて息をすることも、一歩一歩歩くたびに感謝する心を持てることも感謝することである。
　私の家の家訓が「一生感謝」であるせいか、ただ「感謝、感謝」が口から常に出てくる。これも感謝することである。そうしてみると、娘も「お父さん、感謝します。お母さん、感謝します。神様、感謝します」が口ぐせである。政治家が口先だけの公約をやたらと連発することは悪いことだが、私たちが生活の中で感謝をやたらに連発することは、幸福指数を高くする近道である。

May 5|1

自然に対する感謝

　アメリカの有名な思想家であり詩人であるエマーソンは、神様が下さった自然に感謝し、次のような歌を書いた。

　「目の前に広がる美しい花、香り良く美しく連なる草、鳥のさえずり、星の歴史、そのほか我々が見聞きするすべての美しいものを下さった天の父に感謝をささげます。

　澄んだ小川に青い空、高い枝の下で遊ぶのに良い日陰と新鮮な空気、涼しい風と美しい花を咲かせる木々をくださった天の父に感謝をささげます」

　このように、私たちは美しい自然、美しい世界、美しい贖(あがな)い主、そしてイエス様を通してまことの人生を下さった神様に感謝しなければならない。

5|2

「退屈で死にそうだ」

　ロンドン大学公衆衛生科の専門家たちは、1985〜1988年まで、35〜55歳の市民、7524名をインタビューした後、2009年4月まで、彼らのうちどれだけ多くの人たちが亡くなったか観察した。その結果、自分の人生を退屈だと思う人たちは、そうでない人たちより37％も多く亡くなっていたのである。

　科学者たちは、退屈だと思う人たちの早期死亡率が高いのは、彼らが喫煙や飲酒のような健康を害する習慣に依存するためであると指摘している。

　「国際疫学ジャーナル」（IJE）に報告書を発表したマーティン・シプリーは「心臓疾患は明らかに、退屈と相互関係にある」とし、「仕事を退屈だと感じている人たちが、海辺に行くより、酒を飲んだりたばこを吸ったりしているということは重要なことだ」と言った。

　このような人たちの共通点は、みなフォーカスが自分に当てられているということである。もし彼らが他人にフォーカスを当て、他人を思い、配慮し、感謝の心を持つようになるなら、退屈で不幸な人生から感謝する幸せな人生に変わることは間違いないであろう。

つらい時ほど感謝しよう

「感謝する心を開発しなさい。
そうすれば、
あなたは永遠の祝宴を楽しむことでしょう」

　　　　　　　　　　　　　　　　マクダフ

　感謝はやせた地で宝を発掘することである。
　人生がつらい時ほど感謝を発掘しよう。
感謝を発見するなら、いつの間にか絶望は希望に変わる。

5|4

イ・ドンウォン牧師の 10 の感謝

1. 私のような罪人がイエス様を信じて救いを受け、神の子どもとされた、永遠に返すことのできない恵みに感謝。
2. 私のような男が妻に出会い、結婚して夫となり父親となった、どう考えても信じられないことに感謝。
3. 私のような、弁論大会の万年落第生が説教者として召されたことに感謝。
4. 自分の人生さえ取りまとめることができない者が、教会共同体に仕える牧師となった感激的なことに感謝。
5. 私のような愛に飢えて育った者が、多くの信徒の愛を受けるようになった恵みに感謝。
6. 10代で夢を失った少年が、50代で10代より大きく胸が躍るような夢を見て生きるようになった、夢のようなことに感謝。
7. 私のような田舎者が、世界中を飛び回り、福音を伝えるようになったマンガのようなことに感謝。
8. 私のように友人一人まともに付き合えずに育った者が、世界中にたくさんの友人を持つようになった奇跡に感謝。
9. 私のように罪を犯しやすい堕落した者が、有名になったおかげで言動を慎むようになった特別な神の配慮に感謝。
10. 私のような筆不精な者が、インターネットのおかげで、すぐに信徒のそばに近寄ることができることに感謝。

幼い時に学ぶ感謝教育

　ドイツの神学者であり、哲学者、医師、音楽家としてアフリカ医療の伝道者となったシュバイツァー博士。彼の父親であるルードヴィッヒ・シュバイツァー牧師は、シュバイツァー博士が幼いころから感謝の習慣を持つように努力したという。それについてシュバイツァー博士は次のように語っている。

　「手紙を書かない日は一日としてなかった。クリスマスが過ぎると、父はこのように言った。『今日は手紙を書こう。お前たちはクリスマスプレゼントを受け取った。すぐに、ありがとうと手紙を書かなければならない』」

　とても厳しい父親に対してシュバイツァー博士は、恐れを感じたこともあったと告白しているが、おかげで彼は感謝する人となったことだけは確かである。このように、幼い時からしっかり教えるべきことが、感謝する習慣である。

　私たちに感謝の言葉を強要する法はなく、また感謝の言葉を言わなかったからといって問題になることはない。しかし、私たちが感謝するすべを身につけるなら、私たちの単純な人生は、より豊かなものになるだろう。

特別な誕生日プレゼント

　ある日曜日の礼拝後、一人の信徒が牧師のところにやってきた。
　「先生。お誕生日おめでとうございます」
　その人は牧師に小さなプレゼントを手渡した。
　「私の誕生日はもう過ぎましたよ」
　「先生。実は、私の誕生日なのです」
　「おや。あなたの誕生日なら私がプレゼントをあげなければ。どうして私がもらうのですか」
　「今日は、私がこの教会に来てイエス様を信じ、救われてからちょうど１年になる日です。これまで私を尊いみことばで豊かに満たし、祈ってくださり感謝します。私の信仰が育つよう助けてくださった感謝をどのように伝えたらよいか悩んだ末、このようにささやかなプレゼントを準備しました」
　牧師は胸がじんとした。自分の信仰の誕生日に、他人に感謝の思いを伝え、プレゼントを渡すその方の美しい心に感動した牧師は、次の自分の誕生日にはその信徒のようにしようと決心したのだった。

感謝した通りになる

　希望にあふれて結婚をしたが、結婚初日から夫が酒に酔いつぶれ、一人で夜を明かした女性がいた。その後10年の月日が流れたが、夫の酒ぐせは治らなかった。どんなに耐えようと思っても、これ以上一緒にいることはできないと離婚を決心した。そんなある日、職場の同僚に自分の状況を話すと、彼女がこのように言った。

　「離婚を考える前に、私たち、お昼の時間に一緒に感謝の祈りをしましょう。私の教会の牧師が、どんなことでも感謝をすれば、神様が感謝した通りに成してくださると言っていたから」

　その言葉を聞いた妻は、その日から感謝の祈りを始めた。「夫が飲んだくれであることを感謝します。いつかは神様が変えてくださると信じます」

　そのように祈って家に帰ると、あれほど憎らしかった夫が不思議なことに憎らしく感じられなかった。何日か後、日曜の朝に教会に行くために服を着替えていると、夫が尋ねてきた。

　「どこに行くんだい？」
　「どこって教会に決まってるでしょ」
　「俺も一緒に行こうか」
　「何か変なものでも食べたの？」
　「何を言うんだ。俺も教会に行くと言ってるのに」
　「本当に？」
　「ああ。もちろんだよ」

　夫はその日から教会に通うようになり、別人のようになったのだった。

夫への感謝

妻がどんなに大声で怒っても、ぐっと我慢してくれる夫に感謝
料理はできなくても、後片付けをしてくれる夫に感謝
妻のためにゴミ出しをしてくれる夫に感謝
どこかに行く時、いつも運転をしてくれる夫に感謝
寝る時はいつも腕枕をしてくれる夫に感謝
買いたいものは絶対買わなければ気が済まない妻を理解してくれる夫に感謝
時々料理するのが面倒になる妻の代わりにおいしいうどんを作ってくれる夫に感謝
他の女性に目もくれず、妻だけを愛してくれる夫に感謝
同じ料理を作っても、いつも「おいしかったよ」と言ってくれる夫に感謝
日曜日は、いくら忙しくても礼拝を休まない夫に感謝
私の両親を世話し、配慮してくれる夫に感謝
夜にはいつも本を読む雰囲気を作ってくれる夫に感謝

3人の娘を持つ父親

　昔、ある家に娘が3人いた。長女はとてもなまけ者で、次女は盗みぐせがあり、三女は口を開けば不平不満ばかりで、皆お嫁に行けずにいた。ところが、その話しを聞いた隣村のある金持ちが、ちょうど3人の息子がいたため、一度に3人を嫁に迎えることにした。

　金持ちは、一番上の嫁には昼寝をさせた。2番目の嫁には、その家の蔵の鍵をみな預け、好きなだけお金を使わせた。3番目の嫁には、毎日訪ねていき、好きなだけ人の悪口と不平を言えるよう、話を聞いてあげた。

　ある日、3人の娘の父親が、娘たちがどのように暮らしているのか気になり、まず長女を訪ねた。なまけ者の長女は、侍女をたくさん置き、なまけ放題なまけているのでとても幸せに暮らしていた。次に次女のところに行った。盗みぐせがひどかった娘は、倉庫の鍵のおかげで盗みを働く必要もなく、とても満足に暮らしていた。最後に三女を訪ねていき「幸せに暮らしているか？」と聞いた。

　「それがねえ、お父さん。毎日舅が来て煩わしいったら。舅なんか見たくもないわ」

　父親は、2人の姉は幸せなのに、不平を言う娘だけは相変わらず不幸なことに胸を痛めて帰っていった。

10 指を2本下さった神様に感謝

「私は、指を2本下さった神様に感謝します。私の手のことを考えれば、とても貴重な宝物です」

「4本指のピアニスト」、イ・ヒアが10歳の時に日記に書いた言葉である。ヒアは、先天性の障害で、両手の指が2本ずつしかなく、知能も低い。ひざの下に細くあった足は3歳の時に手術し、足もない。しかしヒアは、母ウ・ガプソンの愛により、一日10時間の練習の末に、世界で唯一の四本指のピアニストとなった。

ヒアが生まれた時、人々は、カナダに養子に出すように勧めたという。しかし20年後、ヒアは養子としてではなく、ピアニストとして堂々とカナダの地を踏んだのである。

カナダのナイアガラ・オン・ザ・レイクにある、セント・マークス教会で持たれた演奏会で、彼女の演奏は多くの観客の涙を誘った。

彼女は「10本の指だったなら、誰もすごいとは思わなかったでしょう。このような体に生まれついたからこそ、多くの人々に感動を与えたのだと思います」と語った。

夫を安価で譲ります

「夫を安価で譲ります。狩猟道具とゴルフクラブ、および犬1匹のおまけ付き」という広告が出された。広告を見て、興味を持った女性たちから数十通の電話が来たという。しかし、その中に、夫を買うという人は一人もおらず、夫でなく犬だけを譲ってもらえないか、ゴルフクラブだけを譲ってもらえないか、また、犬とゴルフクラブだけを譲ってもらえないかという人だけがいたそうだ。しかし、これとは別に、忠告と助言をする人もいたという。

「夫が健康でいることにただ感謝しなさい」
「夫が生きているということを感謝だと思いなさい」
「夫が他の女性に走らないことをありがたく思いなさい」というようなメッセージである。

夫が歩けることを感謝しなさい、という主婦は、おそらく歩くことのできない夫のため苦しんでおり、夫が生きていることに感謝しなさい、という女性は、夫を早くに亡くした痛みを抱えており、夫に女性がいないことに感謝しなさい、という女性は、きっと自分の夫に他の女性がいる悩みを持っていることだろう。このように、人は自分に与えられているもののありがたみを知らないことがしばしばあるものだ。

12 自分の関心事に目が留まる

　おんどりが水を飲んでいる姿を見て、自称人道主義者が言った。
　「あんなに首を上げたり下げたりして、どれほど疲れるだろうか。かわいそうに」
　それを聞いた現実主義者が「それもすべて生きるためじゃないか。首を持ち上げなければ、一滴の水ものどを通らないのだから」と言った。
　それを黙って聞いていたクリスチャンが言った。
　「２人の言うことはもっともだが、私は、あのおんどりは一口水を飲むたびに、天を見上げて神様に感謝しているように見えるよ」

与えられている恵みを覚えなさい

　ノースキャロライナ州にある教会の信徒が、カリブ海域に宣教旅行に行った。宣教旅行中、彼らはトバゴ島のハンセン病患者療養所を訪問した。療養所に到着した彼らは、礼拝堂で礼拝をささげた。

　やせ細った姿の患者が、ひんやりした礼拝堂いっぱいに座っている光景は、心に強い印象を残した。

　その中でも一番記憶に残った光景は、牧師が「時間があるので、もう１曲賛美をしましょう」と言った時だった。その時、後ろに一人で座っていた女性患者が牧師の方にからだを向けた。

　その女性は鼻もなく、唇もなく、ただ白く見える歯が、頭蓋骨に斜めについていた。

　手のない女性が、骨だけのような腕を挙げて「私が好きな『のぞみも消えゆくまでに』を歌ってもいいですか」と言った。

　牧師は彼女を見て、ふらふらと講壇を下り、礼拝堂の外にある庭に出て行った。聖さを深く悟った涙が頬をつたい、あふれ流れ出るのだった。

　牧師が講壇を下りると、宣教チームの一人が急いで講壇に上がり、代わりにその讃美歌を指揮した。一緒にいた教職の一人が外に出て、泣いている牧師を慰めた。

　「この賛美を歌うことはできないでしょう？　先生」

　「いいや、歌うよ。けれども、決して今までと同じようには歌わないだろう」

　ハンセン病患者の一人が、感謝の言葉を述べて我々に悟りを与えてくれたが、感謝することを知らない人々は、ともすると不平を言い、愚痴をこぼしてしまうものである。

14 目に見える祝福を感謝しよう

　せっけん、歯磨き粉、歯ブラシ、シャンプー、シャワー、浴槽、お湯、食器用洗剤、炊飯器、電子レンジ、スプーン、エアコン、扇風機、運動靴、スリッパ、サングラス、帽子、手袋、マフラー、誕生日カード、青い空、手帳、懐中電灯、毛布、はえたたき、家族写真、新鮮な果物、額縁、コップ、ジャンパー、本、本棚、パソコン、自転車、自動車、清潔な布団、カレンダー……

　私たちがこれらすべてのものを当たり前だと考え、もともとこういうものが備わっていたと考え、また私たちが使っているものが恵み深い神様から来るのでなく、スーパーで買うものだと考えるなら、知らぬ間に、神様を礼拝すべき多くの理由を見過ごしてしまっているのである。

　感謝することは何かと尋ねられた時、身の回りの感謝すら見つけられない人は、神様に近づくことができない人である。神様は、この簡単な質問に答えることのできる多くのものを私たちに与えてくださっているからである。

涙が虹を作る

　スコットランドの説教者、ジョージ・マセソンは、思春期の後半から、原因不明で視力が衰え、20歳の頃になると完全に視力を失った。そのため、婚約者から婚約を解消されてしまった。傷心の彼は、絶望し、働きを一切辞めてしまいたいと考えた。
　しかし、結局彼は次のように祈った。
　「私の主よ。私は自分のバラの花については数多く感謝をささげてきましたが、体のとげに対してはただの一度も感謝をしたことがありません。私が負う十字架の栄光について教えてください。私のとげの価値について悟らせてください。私が苦痛の道を通して、あなたに近づいていくことを教えてください。私の涙が虹を作るということを見せてください」

　簡単にはささげることのできない感謝であった。人生で一番つらい時にすべてのものを失った彼は、神様が下さる感謝の観点から、驚くべき次元の慰めを発見したのである。

私の人生を感謝します

２本の手で働くことができることに感謝します。
２本の足で歩くことができることに感謝します。
２つの目で見ることができることに感謝します。
２つの耳で聞くことができることに感謝します。

自然に息をすることにも感謝であり、
歩くたびに感謝であり、
一日に三食、
欠かさず食べることができて感謝します。
会う人ごとに感謝し、
働くたびに感謝します。
欲を出しすぎず、
小さなことに感謝する心を下さったので、
一瞬一瞬が感謝であり、一生感謝します。

顔は人生の成績表である

　年を重ねるほど、顔に笑顔が、口からは感謝の言葉が出てこなければならない。
　顔と言葉の品格は、その人の人生の成績表であるからだ。
　年を取って、顔にいらだちと不満と憂鬱な表情を浮かべ、口からは不平と恨み事があふれ出てくるならば、あなたは人生の落第点を他人に公開しているようなものである。
　顔の表情と言葉の品格が、人生の成績を表すからである。
　顔の表情は、すでにずいぶん前から、そして今この瞬間にも作られている
　顔の表情は、心の中の思いや出てくる言葉が作り上げていくものだ。
　そう考えると、人生にうそはない。
　後になって自分の顔に刻まれた表情が、温かく豊かなものであることを願うなら、感謝しつつ生きなければならない。

5 | 18

感謝は不可能を可能にする

　韓国北東部のカンウォンドで養鶏場を運営している一人の中年女性がいた。ところがある晩、そこで大きな火災が発生し、すべてのものが焼けてしまった。

　彼女は茫然自失の状態で、どうしたらよいのか分からなかった。しかし、すぐに気を取り直してその廃墟の前に立ち、黙って考えていると、突然感謝の心が生まれてきた。

　その理由は、その場に夫がいないことであった。平素、夫は血の気の多い性格なので、もしこの場に居合わせていたら、養鶏所の火の中へ飛び込んでいき、夫を失っていたかもしれないと思ったのである。

　しかし幸いなことに、その前の晩に夫はソウルに出張で、そこにはいなかった。彼女は、夫がその場から守られたことに感謝をし、悲しみの中でも感謝の祈りをささげた。

　到底不可能だと思われる感謝の心が、彼女の上に臨んだのであった。夫人は何年か後、この尊い感謝の心を元手に、絶望を踏み台にして、再起に成功した。

　このように、感謝は不可能を可能にする。どんな困難も感謝の前では切れ味の鈍い刀となってしまう。感謝の力は、神秘で驚くべき祝福となって返ってくるのである。

感謝と不平

感謝する人には
すべてが感謝となり
不平を言う人には
すべてが不満に終わってしまう。
よって、感謝する人には
心に平和が宿り
不平を言う人には
心に苦痛が宿るようになる。

食事の感謝祈祷

　2013年国際連合食糧農業機関の統計によると、地球上にいる8億4200万人が、飢餓人口であるという。つまり8人に1人は一日一食の食事もままならず、不安に暮らしているということである。また、毎年約2000万人が飢餓で亡くなっているという。これが、私たちが生きている地球の現実であり、日々の糧を与えてくださっている神様に感謝の祈りをささげるのは当然のことではないか。

　皆さんは、食事の前に感謝の祈りをささげているだろうか。イエス様は、食事の前にまず、父なる神様に感謝の祈りをささげられた。5つのパンと2匹の魚を前にした時も、最後の晩餐でも、パンと杯を配る前にまず神様に感謝の祈りをささげられた。感謝はイエス様の聖い習慣であった。日々の糧のために祈りなさいと教えられた方がイエス様であるなら、私たちはこの日々の糧を前に、どうするべきであろうか。

　日々食事の祈りをささげ、感謝を表すことは、自分も気づかぬうちに祝福を呼ぶ良い習慣が身についているということである。

感謝の力

　ピーター・カミンズは、デトロイト・シンフォニー・オーケストラの団長を任されてから、楽団に500ドル（約5万円）以上を寄付してくれたすべての方々に、自筆で感謝の手紙を書き始めた。
　彼が自筆で手紙を書いて送った人の中には、デトロイトの有力な家柄であるハドソン百貨店の相続者であるメリーという女性もいた。彼女が5万ドルを故郷の交響楽団に寄付すると、ピーターはすぐに感謝の手紙を送った。彼女は、そんな丁重な返礼が来るとは全く予想しておらず、オーケストラが活気を取り戻したという内容に胸がいっぱいになった。
　2週間後、彼女はさらに5万ドルを寄付するという内容の手紙を送った。するとピーターは、再び感謝の手紙を書いて、直接感謝のあいさつをしたいと伝えた。メリーは、秋に訪問したいというピーターの提案を承諾した。そして、5万ドルではなく50万ドルをデトロイトシンフォニーに寄付したいと言った。それも一度限りではなく、毎年一度、5年間に渡ってということであった。それは総額250万ドルに及ぶ高額であった。
　メリーがこのように大金を寄付するようになったのは、彼女の行動に真心を持って感謝の思いを表してくれたからであった。これがまさに、感謝の力である。

5|22

感謝貯金

　地面が乾くと、だんだんにひび割れてくる。人間関係も、感謝がなければ、すぐに潤いがなくなっていく。感謝は、銀行の貯金のようなものだ。
　あなたが配偶者に対して、感謝をすればするほど、感謝することが相手の心に残るようになる。
　互いの関係が良い時、相手にたくさん感謝し、それを貯めておくと、つらく大変な時期に大きな助けとなる。
　感謝をたくさんしたからといって、夫婦関係が常に幸せで、大変な時が来ないというわけではない。しかし感謝は、そのような時期を大きな傷を与えずに乗り越えさせ、かえって豊かで密接な関係を作り上げる。
　配偶者の感情を貯める銀行の中に、感謝の残高を十分に維持して、残高がゼロになることがないようにしよう。

感謝と不平

感謝の反対は不平である。
感謝は心を神様に向けるが、
不平は心を悪魔に向けることである。

不平の心を持っている時は
仕事の能率が上がらず、
事業では失敗を引き起こし、
機械もよく故障するようになり、
自分も健康を害するようになる。

5 | 24

パンの香りの代金、100万ウォン？

　ある町で、欲深い人がパン屋をしていた。
　パン屋の主人がパンをオーブンから取り出すたびに、隣の人がその香りに「ああ！　なんて良い香り。この香りをかぐと、元気が出る」と言った。
　パン屋の主人はこれを聞いて「何で今まで思いつかなかったんだろう。あの人を気分良くさせたのは俺のパンで、そのパンを作るのに苦労したのは俺なのに。これからは、香りをかぐ時にも料金をいただかなくちゃ。まずあの隣の人からもらわなくては」と考えた。
　そこで隣人に「今まで毎日パンの香りをかいだのですから、香り代を下さい」と言った。隣の人はばかばかしいと断わったので、パン屋の主人は訴訟を起こした。
　裁判が開かれ、パン屋の主人の主張を聞いた裁判官は、判決を言い渡した。
　「隣の人は、パンのにおいをかいで気分が良くなったのだから、香り代として100万ウォン（約10万円）を支払うこと」
　判決を聞いた隣人はあきれ、悔しかったが、仕方なく100万ウォンを支払った。パン屋の主人は大喜びした。
　ところがその時、裁判官が突然立ち上がって言った。
　「まだ判決は終わっていません。隣人は、パンの香りをかいだだけでパンを持ち帰ったのではないので、パン屋の主人もお金を受け取り、少しの間喜びを味わったことで十分でしょう。よって、お金を返すように」
　その瞬間、雷のような拍手が起こった。とんでもない欲を出したパン屋の主人は、大恥をかいてしまった。
　このように、感謝はさらに大きな祝福をもたらすが、どん欲は持っているものまで取り上げられるのである。

サンキューセラピー

　あるクリスチャン作家の告白である。
　「私は『何も思い煩わないで』という聖書の言葉をよく知っている。しかし、この言葉を考えるたびに、思い煩わずにはいられない自分自身を思い煩っていた。私は、この病のせいで関節が痛くなり、口が渇き、手の平に汗をかき、呼吸困難になり、消化不良と胃けいれんを起こし、うつ病を誘発することをよく知っていた。しかし私と妻は、この問題に対する完璧で強力な治療薬を探し出した。この治療薬の効果は、奇跡的であった。私たち夫婦を含む多くの人が、この治療薬の驚くほどの効果を体験した。この治療薬は、食前や食後に服用すると良い。呼吸困難を起こした時や、胸に痛みを感じる時にも、その時々に服用することができる。これは、特別な処方箋を必要としない。この治療薬は決して副作用がなく、安全である。さらに、この薬は無料である。この治療薬を称して、私は『サンキューセラピー』、すなわち『感謝治療薬』と呼んでいる」
　　　　　　ドン・ベイカーの『サンキューセラピー』より

26

ワーキンス博士の研究結果

　感謝する人生を生きる人は、精神的な傷やストレスを受けることが少ないという。

　肯定的な心を維持し、感謝が生活の中で習慣になっている人は、否定的な人に比べて強い免疫力を持っているということが明らかになり、同じストレス状況下でも、病気になる危険が低く、平均10年以上長生きするということも報告されている。感謝を探すことのできる人は、悲しみや怒りの感情に襲われても、すぐにそこから抜け出せる傾向にある。そういう人は、人生の事柄を肯定的な視点から見ることができるからだ。

　ワーキンス博士は、毎日感謝を数える人は、そうでない人と比べ、怒って興奮する回数が少ないという研究結果を発表した。博士は「感謝の力は、何の変化もない日常でも、そこに新しいものを発見し、楽しむことができる能力」であると語った。

　アメリカのカリフォルニア州立大のロバート・エモンズ教授も「毎日、または毎週5つずつ感謝を書きとめる人と、そうでない人を比較すると、前者が後者に比べ、はるかに健康でストレスも受けることが少ないことが分かった」と言っている。

発明王エジソンの感謝

　エジソンは少年時代、汽車の中で新聞を売りながら、列車の片隅で実験をしていたという。

　ところがある日、揺れ動く汽車の中で実験をしていると、汽車の振動で化学薬品がこぼれ、火がついてしまった。

　騒動になり、怒った乗務員がエジソンを汽車から突き落とし、その時の衝撃で鼓膜が破れてしまった。

　後に「耳が聞こえなくて実験や研究に不便はありませんでしたか」という質問に対して、エジソンは「私は耳が聞こえないということについて落胆したり失望したりしませんでした。かえって何も聞こえないので研究に没頭することができ、感謝でした」と答えたという。

創造主なる神の神秘！

　人間の心臓は、一日に平均10万3689回も脈打っている。成人の血管をすべてつなげると10万キロメートルになる。また一日に平均2万3040回、呼吸をする。

　人間ががんばって、心臓がそのように多く脈打ったり、命令して血液がその長い距離を流れたりするわけではない。何の努力をしなくても、人間の肺はそのように何度も呼吸をするのである。

　このすべてのことに若干の狂いが生じても、生命にはすぐに異常が現れるのに、何も考えず努力もしなくても、このように何度も心臓が脈打ち、肺が呼吸するということは、実に人間の生命を造り、維持させる神様に感謝をささげるのみである。

　それだけではない。人間は一日に脳細胞を700万個も使って生きている。人を造られた神の何という神秘であろう。

特別な私だけの感謝

　アメリカで生活をしていて一番気にかかっていたことは、両親と頻繁に会えないことだった。家族に問題が起こっても、兄弟たちと電話で話すしかできないということは、一番もどかしいことであった。
　父が狭心症の手術をした時や、義理の母が股関節の手術をした時も、電話で状況を確認するしかなかったため、言葉では言い表せないほど心配した。それだけでなく、家族の行事などで両親を訪ねることができないことは、長男としてさらに申し訳ないことだった。
　こうして韓国に戻って両親や兄弟、友人に頻繁に会え、いつでも簡単に連絡を取り合うことができるようになり、本当に感謝なことだ。田舎に住んでいる両親は、私たち家族が韓国に戻ってきてから、ソウルに頻繁に上京するようになった。その度に、畑で収穫したものを持って来てくれる。一つでも多く与えたいと思う両親の愛を考えると、ただただ感謝するのみだ。
　姉と弟の家族がソウルで飲食店をしているのだが、時々訪ねて食事をしたりお茶を飲んだりしながら一緒に過ごしていると、「幸せで感謝だなあ」と感謝の心が自然に湧いてくる。両親と兄弟たちが近くに住んでいるということは、韓国に再び戻って感じる特別な私だけの感謝である。

5 | 30

感謝の言葉を聞いたご飯は香ばしい

　水の研究で有名な江本勝は、水の結晶に関する実験の後、違う実験をした。その対象はご飯であった。彼は、ご飯を同じ2つのガラス瓶の中に入れた。そして、片方のガラス瓶には「ありがとう」という言葉を貼り、もう片方のガラス瓶には「ばかやろう」という言葉を書いて貼っておいた。そして、毎日2人の小学生に、その言葉をそれぞれの瓶に向かって読むようにさせた。「ありがとう」と貼られているガラス瓶に向かっては「ありがとう」と言い、「ばかやろう」という言葉が貼られている瓶には「ばかやろう」と言わせたのである。それを1カ月続けてみると、「ありがとう」という言葉を聞いたご飯は、発酵して香ばしいおこげのような香りがした。しかし、「ばかやろう」という言葉を聞いたご飯は、腐敗して黒くなり、悪臭を放った。

　この実験は、否定的な言葉と肯定的な言葉の力が、どれほど大きな違いをもたらすかを表す実例である。

　かぐわしい人生を送るために、果たして私たちはどのような言葉を用いるべきだろうか。

5/31 子どもの死を感謝

　ある女性クリスチャンの証しである。

　彼女は長い間、子どもができなかった。ある年、奇跡的に妊娠をした。ところが、その子どもが生まれて1歳を過ぎた時、死んでしまった。教会の皆は心配したが、驚くことが起こった。その女性は、悲しんだり絶望したりする代わりに、感謝をしたからだ。

　ある金曜日の夜の礼拝で、その女性が証しをすることになった。

　「私は今まで私を顧みてくださった神様に感謝をささげます。

　1つ目、子どもを妊娠する祝福を与えてくださり感謝します。

　2つ目、子どもを出産する祝福を与えてくださり感謝します。

　3つ目、子どもを抱く祝福を与えてくださり感謝します。

　4つ目、子どもに乳をあげる祝福を与えてくださり感謝します。

　5つ目、子どもと一緒に1年間過ごすことができて感謝します。

　6つ目、子どもに母親の声を聞かせてあげることができて感謝します」

　「主が、ことごとく私に良くしてくださったことについて、私は主に何をお返ししようか。私は救いの杯をかかげ、主の御名を呼び求めよう。私は、自分の誓いを主に果たそう。ああ、御民すべてのいる所で」

　　　　　　　　　　　（詩篇116：12〜14）

June 6|1

床屋での出来事

　ある牧師が、床屋で散髪をした。床屋の主人は、心をこめて牧師の頭を散髪し、「牧師先生。私は神様のために奉仕をしたと思っています。先生からお代はいただきません」と言って、決してお金を受け取ろうとしなかった。次の日の朝、主人が店を開けようとすると、門の前に感謝の手紙と花束が置いてあった。牧師が置いて行ったものであった。

　何日か後、警察官がこの床屋で散髪をした。床屋の主人は、今回も、「警官。私は地域社会のために奉仕をしたと思っています。警官からお金を受け取ることはできません」と言った。その次の日の朝も、主人は警官から感謝の手紙とドーナツを受け取った。

　何日かが過ぎた。今度はある国会議員が訪ねてきた。散髪を終えた国会議員に主人が言った。

　「散髪代は受け取りません。私は国のために奉仕をしたと思っています」

　国会議員が帰った次の日の朝、店を開けようとした床屋の主人はびっくりした。店の前に、何人もの国会議員が列を作って待っていたからだった。

6|2

好きなだけ食べられる料理に感謝

　アメリカでの生活を終えて韓国に戻り、感謝なことを考えてみると、感謝することが次々と浮かんでくる。アメリカで生活をしていた時は、韓国料理を食べると、においがきついので他の人が嫌な思いをするかと、外出する時は常に気を遣い、韓国料理を控えていた。それは私にとってとても苦痛なことであった。我慢できずに韓国料理を食べた日には、においを消すために特別気を遣わなければならなかった。

　一度は、子どもたちが夏休に入った、執筆のための資料収集を兼ねて、2週間ほどアメリカ南部に旅行したことがあった。その間、私たち家族は韓国料理を全く食べることができなかった。私にとっては、ほとんど拷問に近い時間だった。

　だからこそ、韓国に帰ってきて最も感謝なことの一つが、韓国の風味豊かな愛情あふれる料理を好きなだけ食べることができるということだった。キムチチゲやテンジャンチゲなど、それまでにおいを気にして食べられなかったあらゆる種類の料理を、思い切り食べることができるということがどれほど感謝なことか分からない。家中ににおいが充満する納豆みそチゲを作って食べても、文句を言う人が誰もいないということが不思議であり、ただ感謝である。自分の口に合う料理を、他人に気を遣わず好きなだけ食べられるということは、どれほど感謝なことだろうか。

メキシコの村の不平

　メキシコに、熱いお湯と冷たい水が同じところからわき出る村があった。片方では、熱々の温泉が流れており、そのすぐ横では、氷のように冷たい水が流れていた。村人たちは、熱いお湯で洗濯物を洗い、冷たい水できれいにすすいで家に持って帰っていた。
　それを見ていた観光客が、ガイドに言った。
　「ここに住んでいる人は冷たい水と熱いお湯を自由に使うことができていいですね。この村の人は、特別神様に感謝しなければなりませんね」
　すると、ガイドがこのように答えた。
　「とんでもありません。この村の人は不平が多いのです。熱いお湯と冷たい水が出るのは良いが、洗濯石鹸が出てこないと、かえって不平を言っているのですよ」

6|4

金口イオアン
（きんこう）

　黄金の口を意味する「金口」という呼び名をつけられたヨハネス・クリュソストモスは、福音を伝えたためにローマ当局に逮捕され、投獄された。彼は神様にこう祈った。

　「神様。この監獄に私を送られたのは、ここにも福音を聞くべき人がいるからであると信じ、感謝します」

　彼は、監獄でも絶えず福音を伝え、さらに王の怒りを買い、死刑宣告を受けてしまった。彼はこのように祈った。

　「神様。聖徒の一番美しい死は、殉教です。私のような者を殉教者に加えてくださり感謝します」

　クリュソストモスが、殉教者となることを喜び、感謝しているといううわさが王の耳に入り、王は、彼が殉教できないように死刑の中止命令を下した。この時も彼は涙を流して祈った。

　「神様。感謝します。まだ私にやるべき働きが残っているので助けてくださったと信じます」

神様を信頼できる喜び

　アメリカの上流階級で育った、アン・ジャドソンは、結婚してすぐに、危険と困難が伴う宣教の働きのため、夫のアドニラムと共に船に乗り込んだ。ジャドソン夫妻の宣教は、非常に大きな苦痛と涙と犠牲が伴った。彼らは熱帯性熱病にかかり、数十回も死の淵をさまよい、子どもを死産したり、熱病で亡くしたりした。しかし彼らは、到底感謝できない状況でも神様に感謝し、苦しみに打ち勝った。アンの日記を見ると、神様だけに頼り、信頼しようとしていた強い信仰を垣間見ることができる。

　「すべての働きが不確かな中にあった。目の前の道が真っ暗で絶望的である時、信仰によって神様に完全に信頼することは簡単なことではない。しかし、もし私たちの働きが、平坦で楽なものであったら、神様を信頼する必要がどこにあるだろうか。不平や恨み事を言わず、感謝しつつ喜んで賛美をささげよう。私たちがこの世のものに頼らず、父なる神様にだけ信頼するようにされていることをむしろ感謝します」

6

感謝

「感謝とは、信じることにほかならない。
感謝を知らなければ、その意味も分からない。
感謝は、必ずしも得た後にだけするものではない。
感謝は、失った時にもするものだ。
感謝する心は、失うことがないからだ。

感謝は、愛である。
感謝を知らなければ、愛も分からない。
愛は、受けるだけでなく、かえって与えるものである。

自分が持っている一番大切なものを持って、
やもめは、やもめの銅貨1枚で、
金持ちは、金持ちのたくさんの宝石で、
そして私は、私のつたない詩をもって……」

キム・ヒョンスン

いつも感謝してください

服が少しきつくなったら、それはよく食べて良い生活をしているということだから、感謝しましょう。
芝生を刈り、窓を磨き、下水道を修理しなければならないとしたら、
家があるということだから、感謝しましょう。
政府に対して不平と不満の声が大きくなったら、
それは言論の自由があるということだから感謝しましょう。
税金を納めなければならないとしたら、
仕事を持っているということだから感謝しましょう。

アパートの周辺に駐車場がなくて不便だったら、
それは車があるということだから感謝しましょう。
電気代と暖房費が高くついたら、
それは暖かく過ごしているということだから感謝しましょう。
洗濯物が多く、アイロンをかける服が山積みになっているなら、
それは服をたくさん持っているということだから感謝しましょう。
朝早くに目覚まし時計の音に驚いて目覚めたら、
それは生きているという証拠だから感謝しましょう。

何かの集いがあった後に洗い物がたくさんあるなら、
それは友人と楽しい時間を過ごしたということだから感謝しましょう。

6|8

病床での感謝

　韓国のシュバイツァー、ジャン・キリョ博士の話である。友人の事務室を出た彼は、2階の階段を下りる時に足を踏み外し、片方のアキレス腱を切ってしまった。彼はすぐに入院することになったのだが、病院のベッドで3つの感謝をささげたという。

　1つ目、神様の助けによって上手くいっていたことを、まるで自分の行いが善良だからだと考えていた不敬虔さを悟らせてくださり感謝。

　2つ目、それまで会えなかった多くの友人と弟子に会うことができて感謝。

　3つ目、忙しくて読むことができなかった本を、病床で静かに読むことができて感謝。

　彼は、奇跡的にアキレス腱がしっかりつながり、その後、高齢にもかかわらず、テニスまでできるようになり、常に謙遜な心で困っている人の世話をする、感謝の歩みを実践したそうである。

人生の最高の基準

　世界的な劇作家であるバーナード・ショーは、すべての本がなくなったとしても、ただ一つ残しておきたい本は、聖書の「ヨブ記」であると言った。その理由は、ヨブが災難や病苦を味わっても神様に感謝をささげ、神の偉大さを発見したためである。感謝は人間を高貴なものにする。そのため、サミュエル・ジョンソンは「感謝は教養の実である」とまで言ったのである。

　人が感謝することができないなら、それはその人の魂が病にかかっているということである。感謝の経験と感謝の表現は、人が人であるための要因となる。さらに、人が神様に感謝できるということは、とても重要で尊いことである。

　人間は、この世に生まれた時から神様の恵みと祝福によって生きる存在である。また人間は常に、神様が下さるものを受けることによって生きることができる存在である。私たちがこのように、神様からたくさんのものをいただいて生きているにもかかわらず、私たちが神様にささげることができるものは、ただ一つ、感謝だけである。

10 すべて失っても感謝

　中国の有名な宣教師、王博士は、東南アジアを旅行していた時、所持品をみな盗まれてしまった。失くした物をどのように探すのかと新聞記者たちが質問すると、彼はこのように答えた。

　「私は、コートと背広と下着を失くしましたが、まだイエス様の義の服を持っています。私はお金をみな失くしましたが、天国の銀行に蓄えてある私の財産は、誰も奪い取ることはできません。私は聖書も失いましたが、私の記憶に残っている聖書の言葉はまだいくらでもあります。私はメッセージの原稿を失くしましたが、誰も私の心の内から湧き上がってくるメッセージを盗むことはできないので、すべてのことが感謝です」

タクシー運転手の感謝

　ある日、タクシーで帰宅する途中、道路が渋滞のためなかなか進まない状態だった。その時、右側を走っていた車の運転手が、イライラしながら顔を窓から出して叫んだ。
　「車がこんなに多かったら、俺たちは日給も稼げないじゃないか！　自家用車は半分に減らすべきだ！」
　すると、私たちを乗せていたタクシーの運転手は、にこにこして後ろを向いてこう言った。
　「お客さん。私はこんな時、神様に感謝するんですよ。運転手をしていると、祈る時間がどこにありますか。神経質になったところで渋滞から早く抜けられるわけではないじゃないですか。だから、お客がいない時は祈り、お客を乗せている時は伝道をするんですよ。お客さん。イエス様を信じていますか？」
　私は、答える代わりに笑顔を見せた。
　「私は、運転手の仕事を下さっている神様にどれほど感謝しているか分かりません。お金を稼ぎながら伝道し、ある時はお客さんとの会話の中から多くのことを学ぶことができるんです。それに、今年私の娘が大学院に入学したんですよ。イエス様を信じると、すべてのことが感謝することばかりです」

6|12

９人の患者が感謝できない理由

　チャールズ・ブラウンは、ルカの福音書17章に書かれている、いやしを受けた10人の皮膚病患者のうち、イエス様に感謝しなかった９人の心理を、とても興味深く推理した。

　１人目は、「病気が本当に治ったのか確認しよう」と思い、感謝できなかった。
　２人目は、「治りはしたが、また再発するかもしれないので、少し様子を見よう」と考え、感謝できなかった。
　３人目は、「汚い服を着替え、体もきれいに洗ってから、お礼の品でも持ってゆっくりと訪ねよう」と思い、感謝できなかった。
　４人目は、「考えてみると、皮膚病ではなかったのかもしれない」と誤診の可能性を考え、感謝できなかった。
　５人目は、「少し良くなっただけだ。体の外のできものはなくなっても、内側にはまだ病気が残っているかもしれない」と考えて、感謝できなかった。
　６人目は、「まず祭司長のところに行き、自分の体を見せて、完全に治ったと認めてもらってから、思いきり胸を張って歩き回ろう」と考え、感謝できなかった。
　７人目は、「イエス様が私のために特別苦労したわけではない。『あなたの体を祭司長に見せなさい』と言われただけだ。薬を塗ってくれたわけでもないのだから」と考えて感謝できなかった。
　８人目は、「このようなことは、医者や先生なら誰でもできることじゃないか。別にたいしたことではないか

ら、感謝することはない」と考えて、感謝できなかった。
　９人目は、「実は、病は回復に向かっていたのだ。つまり、イエス様のおかげで治ったのではなく、治る時期になっていたのだ」と考えて、感謝できなかった。
　いずれにしろ、９人は、あれこれ言い訳をして、感謝することができなかったのである。
　しかし、10人目の人は戻ってイエス様の足もとにひれ伏し、感謝をささげた。病をいやしてくださったイエス様に感謝をささげるのは当然と考え実践したのである。

6 | 13

自転車に乗って感謝

　私はおもに自転車を交通手段として用いている。アメリカから韓国に戻ってきて最初に購入したのが自転車だった。朝と夕方、私はこの自転車で通勤している。

　書斎である「感謝書房」までは、歩いて20分ほどかかるが、自転車なら5分もあれば着く。自動車を利用しても自転車より速くはない。むしろ、歩いていくより時間がかかることもある。そのため、私は寒い日や雨や雪の日を除いては、ほとんど徒歩か自転車で通っている。

　自転車に乗っていると、たくさんの感謝が思い浮ぶ。学生時代が思い出されてうれしく、自転車で通うと10年は若返ったようでいい気分だ。足の筋肉も青年の頃のように太くがっしりとしてきて、健康も維持でき、自信も出てきた。

　景色の良い所を見て回るので、自転車専用道路を通ることはあまりないが、人々の情にあふれた生活が染みついている町の小道を、あちらこちらと通り過ぎるたびに、故郷の田舎道を通っているようで、温かい気持ちになる。

感謝する幸せのウィルス

　「たまごボーロ」で有名になった竹田社長が成功したのは、お菓子の「たまごボーロ」の秘密と関連がある。

　最高の品質の「たまごボーロ」を作るため、竹田社長は、工場の社員たちにお菓子に向かって「ありがとう」と言わせた。ばかばかしく思えるかもしれないが、人が怒る時に吐く息を袋に詰め、その中に蚊を入れると、蚊は間もなく死んでしまうそうだ。反対に、にこにこ笑う時に吐く息では、長く生きているという話に目を留めたのだった。

　「これからは、製品を作る人の幸福度を大切にする時代が来たのだ。作る人の心が製品に反映されるからである。一日に3000回ずつ『ありがとう』と言ってみなさい。人生が変わるから」

　竹田社長は、「ありがとう」をしっかり実践する社員たちに、報酬を惜しまずに与えた。材料も最高級の有精卵を使ったが、さらに「ありがとう」という感謝を用いて、最高の品質を追求したのだった。

6 | 15

感謝をすると

　M.J. ライアントは『感謝』という本で、人生を変える感謝の力について語っている。

　「感謝をすると喜びが満ちあふれ、感謝をするといつでも元気が出て、
　感謝をするとうつ病がいやされ、感謝をすると健康になり、
　感謝をすると心配がなくなり、感謝をすると魅力的な人になり、
　感謝をすると苦痛と怒りが消え、感謝をすると満たされない状況を受け入れられるようになり、
　感謝をするとむなしさがなくなり、感謝をすると今を大切に思うようになり、
　感謝をすると傷を受けても愛せるようになり、感謝をすると分け与えたくなり、
　感謝をするとすべてのいのちに共感するようになり、感謝をすると平凡な日常も恵みと受け取れるようになる」

義足で伝えた福音

　あるアメリカの青年が、神学校を卒業し、宣教師試験に合格した。青年はとても喜び、すぐに服と靴を準備しようと市内へ出かけたところ、自動車事故に遭ってしまった。いのちが助かるために、彼は片方の足を切断するしかなかった。義足をつけるようになった彼はひどく失望し「神様。宣教師になろうとしたのに、どうしてこのような事故に遭ってしまったのですか」と叫んだ。

　しばらくの間絶望の中にあった彼は、アフリカへ行く宣教師を募集しているという知らせを聞いた。「私のような者でも受け入れてくれるだろうか」と思ったが、とりあえず申請してみようと決心した。何日か後に合格の知らせを受けた彼は、胸を躍らせながらアフリカへ旅立った。

　しかし、よりによってそこは人食い人種たちが住んでいる村だった。人食い人種は、宣教師を見て、良い獲物が来たと近づいてきた。宣教師は、自分のゴムの義足を引きぬいて、人食い人種たちに投げつけた。それを見た彼らは、びっくり仰天した。そして、「神が下りて来た」と宣教師の前にみなひざまずいた。

　おかげで宣教師は、原住民に楽に福音を伝えることができ、宣教の成果をあげることができた。恨みの対象であった義足が、後にはいのちを救う感謝の道具となったのである。

6|17

幸せと感謝の落書き帳

　1年9カ月間、白血病と闘ってこの世を去った小学6年生の、イ・ジョンピョ君の闘病日記を見た。難病にかかった子どもたちの願いをかなえようという「韓国メイク・ア・ウィッシュ財団」によって世界に公開されているその日記は、人々に衝撃を与えた。

　「ぼくは、友だちが想像することもできない1億ウォンもする高額の課外授業を受けたよ。青い空、澄みきった空気を感じるだけで、どれほど幸せか分からない。学校に通っている時は、校庭の土を踏むことを当然のことだと思っていたけれど、今は、その土さえとても感謝だよ。ちょっと土を掘って、そこからミミズでも出てこようものなら、『おお！ミミズちゃん』とくねくね動く姿に感激するだろうね」

　骨髄移植手術を受けた後に、母親に語った彼の言葉が心に残っている。死に近づいている子どもが悟った単純な真理、私たちが生きて呼吸をしているということ自体が祝福であり、感謝であるという事実を、忘れたまま過ごしてきた自分の人生を恥ずかしく思う。

王様の賞は誰が？

　昔、王様が宮中の料理人が作ったおいしい料理に感動し、褒美を与えようとした。しかし、料理人はこのように答えた。
　「いいえ、王様。いくら私の料理の腕が良いといっても、材料が良くなければこのような料理を作ることはできません。新鮮な野菜を売ってくれた八百屋に褒美を与えてください」
　王は料理人に野菜を売った八百屋を呼んだところ、八百屋は、農夫のおかげだと言った。結局王は、農夫を宮殿に呼んで、褒美を与えようとした。ところが農夫は、王にこのように言った。
　「王様。ありがとうございます。しかし、褒美は受け取ることができません。私が春に種を蒔き、野菜を手入れしたとしても、神様がこのように良い野菜を育て、耕した地を与え、時にかなって雨を降らせ、日光を与えて育ててくださらなければ私は何も収穫することができなかったでしょう。私はただ、神様が下さったものを用いて一生懸命働いただけです。もし褒美を受けるなら、神様が受けるべきでしょう」

あばら家の火事

　何年か前に、漁船がニューイングランド沿岸の小さな漁港から海に出て、暴風雨に遭った。

　一晩中、漁師たちの妻や母親、子どもたちは、彼らのいのちだけでも助けてほしいと手を合わせて神様に祈った。その時、村のあるあばら家が火事になった。しかし村の男たちは皆漁に出ていたため、なかなか火を消すことができなかった。

　次の日の朝、幸いなことに、すべての漁船が港に無事にたどり着いた。その中には、火事になったあばら家に住んでいた夫もいた。彼が陸地に上がってきた時、妻が泣きながら言った。「あなた。私たちはもうだめよ。家とすべての物が火事で焼けてしまったの」

　しかし、夫はこう答えた。

　「その火事を起こされた神様に感謝しよう。すべての漁船を港まで無事に導いたのは、俺たちの燃えてしまったあばら家の火の光だったんだから」

闘病中の感謝

　作家の三浦綾子さんは、生涯病気を患って生きた人である。肺結核、脊椎カリエス、パーキンソン病、がんなど、さまざまな珍しい病を人生の友としてつきあいながら過ごしていた。しかし彼女は、苦痛の中でも明るさを忘れず、宝石のように光り輝く作品を数多く書いた。

　彼女は、痛みと苦痛のゆえに祈り、感謝し、賛美し、信仰を持つことができたと言っている。また彼女は、祈りの中で「たとえ自分がつらくても、他人には常に喜びと感謝を表そう」と誓っている。彼女はどんなにつらくても、いらいらしたり、他人を責めたりせず、かえって看護師や周りの人にいつも笑顔で感謝の言葉をかけることを惜しまなかった。次の文は、綾子さんが普段好んで暗唱していた詩「病まなければ」である。

　　病まなければ　捧げ得ない悔い改めの祈りがあり
　　病まなければ　聞き得ない救いのみ言葉があり
　　病まなければ　負い得ない恵みの十字架があり
　　病まなければ　信じ得ないいやしの奇跡があり
　　病まなければ　受け得ないいたわりの愛があり
　　病まなければ　近づき得ない清い聖壇があり
　　病まなければ　仰ぎ得ない輝く御顔がある
　　おお　病まなければ　人間でさえあり得なかった
　　　　　　　　　　　　　「祈りの塔」河野進

100ドルの実験

　ある人が1カ月間とても変わった実験をした。ある村の人々に、無条件で毎日100ドル（約1万円）ずつ与え、結果を観察するというものであった。

　初日、彼が一軒一軒回って玄関に100ドルを置いていくのを見た人々は、初めは疑いのまなざしで見守っていたが、結局そのお金を受け取った。2日目も同様であった。そして3日目、4日目になると、村人はそのお金が本物であると分かり、毎日100ドルをくれるおかしな人の話題で持ちきりだった。

　2週間が過ぎると、村人は玄関前で直接、お金を配る人を待つようになった。

　3週間が過ぎると、その人がお金をくれることをありがたく思わなくなってきた。

　4週間が過ぎる頃には、毎日百ドル受け取ることを至極当然のことと感じ、もらったお金を惜しみなく使うようになった。ついに実験期間が終わり、お金を配らなくなると、あちこちで恨み事が聞こえるようになった。

　「なぜお金をくれずにただ通り過ぎるのか？　早くお金をくれよ。俺のお金を！」

　ただでもらった物に対して感謝するどころか、不平を言う愚かな人々である。

6/22

感謝の祈り

「あなたは食事の前に感謝の祈りをする。
しかし私は演奏会やオペラを見る前に祈り、
演劇やパントマイムを見る前に祈り、
本を開く前に祈り、
スケッチ前、絵を描く前、遊ぶ前、踊る前に祈り、
ペンを取る前に感謝の祈りをする」

チェスタートン

23

感謝でつなぐ人生

　よく眠る妻がいた。彼女は、夫が夜遅く帰宅しても起きて出迎えもせず、それどころか深く寝入っているため、夫が呼び鈴を鳴らし、門を強くたたいて怒りだしてから、ようやく起き上がり門を開けるのだった。そのため夫は、いつも妻を責めていた。
　「そうやって寝てばかりいるから、豚みたいに太るんだ。少しは起きていろ」
　ところがある日、職場の同僚がつらそうな面持ちで話しだした。
　「どう考えてもうちの妻は精神病院に入院させなければならないそうだ。最初は、あまり眠れない不眠症だったんだが、だんだんひどくなって、今では精神病になってしまった。学校に通う子どもたちの面倒や、妻にかかる治療費をどうするか、心配で仕方ないよ」
　その晩、夫はプレゼントを抱えて帰宅し、妻に渡しながらこう言った。
　「お前。よく寝てくれてありがとう。疲れたら、好きなだけ寝てくれ」
　感謝の心で見るならば、すべてのことが感謝なのである。

成熟した感謝生活

　朝鮮戦争の時のことである。韓国のプサンに避難したクリスチャンたちが、感謝礼拝をしていた。礼拝時間に、それぞれが受けた恵みについて感謝の証しをした。一人の長老が前に出て言った。
　「私はここに来て商売を始めましたが、正直に言いますと、ソウルにいた時よりも豊かになりました。この恵みを思う時、どれほど感謝なことか分かりません」
　ある人は、「私たちの家族が皆、この動乱の中でも平安に暮らせていることに感謝します」と証しした。
　また別の母親は、「息子が戦場から無事に帰ってきて感謝します」と言った。
　そして最後に、両親を亡くし一人になったさびしい青年が口を開いた。
　「私は財産もなく、自慢できることもありません。両親は爆撃でこの世を去り、たった一人の兄も戦死しました。もう頼る方は神様しかいません。しかし私は今、このように生きているということだけでも神様に感謝します。そして、今私が悟った感謝は、永遠に続く感謝であると信じます」

25

死を前にしてささげた兵士の感謝

　アメリカの南北戦争当時の話である。
　激しい戦いが終わった後、南部連合軍の一人の兵士が、死ぬ間際に牧師を呼んでほしいと頼んだ。牧師は、この兵士が自分を助けてほしいと神様に祈ってくれるよう頼むのだろうと思っていた。しかし彼は、牧師にまず自分の髪の毛を一握り切って、母親に送ってほしいと頼んだ。それから、ひざまずいて神様に感謝の祈りをささげてほしいと言った。牧師は彼に尋ねた。
　「何について感謝しますか？」
　「私がこのように平安な心で死を迎えられる恵みを下さったことについて感謝の祈りをしてください。そして、神様が約束してくださっている美しい天国についても感謝の祈りをささげてください」
　この言葉に感動した牧師は、死にゆく兵士の手を握り、ひざまずいたまま感激しながら祈りをささげた。牧師が、この兵士の代わりに神様にささげた祈りは、願いの祈りではなく、約束を確信してささげた賛美と感謝の祈りであった。

感動的な感謝

　故キム・ジュンゴン牧師の文章の中で、このような文がある。
　「歌は、歌うまで歌ではなく、
　鐘は、鳴るまで鐘ではなく、
　愛は、表現するまで愛ではなく、
　祝福は、感謝するまで祝福ではない」
　神様に、「感謝します」と表現しなければならない。人間は、時間と空間の中で言語を持って生きているため、神様に「感謝します」と表現することが必要なのである。
　ある教会で、信徒が一人息子の死についてこのように感謝するのを見た。
　「息子が、聖い信仰生活を送りつつ神様のもとへ行ったことを感謝し、私の心が今は、神様だけを見上げるようにしてくださったことに感謝し、天国に対する思いがさらに強くなったことに感謝し、このような状況の中でも感謝する心を与えてくださったことに感謝し……」
　どれほど感動的な感謝であろうか。これは、神を信じる者の心にだけ生まれる感謝である。

6/27

無理にでも感謝しよう

　感謝することが難しい状況であるにもかかわらず、不平を言わずに結果を受け止め、怒らずに満足し、感謝するその要因は果たして何であろうか。

　それは、私たちの判断と意識を超える、神様の思いに対する一途な信頼だと言えよう。どんなに絶望的な状況にあっても、その中にある神様のいつくしみと恵みを信じ、悟ることができるなら、すべてのことについて感謝できるようになる。

　よって、感謝は信仰の結果であると言える。

　感謝する心、それは他人に与える感情ではなく、自分自身に向かうものである。

　感謝する行為、それは壁に向かって投げるボールのように、いつか自分自身に返ってくる。

　怒りの心は怒りを、感謝の心は感謝を生みだすのだ。だから私たちは、無理にでも感謝しながら生きていこう。

感謝は幸せの中心

　木は日照りによって深く根を張り、冬の冷たい風によって強くなり、夏の暴風雨と焼けつくような日差しに耐えて、よく熟した甘い実を結ぶようになる。

　人生も、困難と試練、危機を乗り越えてこそ、豊かな実を結ぶのである。

　豊かな実は、感謝する人のものである。感謝する人が発展し、豊かな実を刈り取るのである。何より、私たちの周りのすべてのものに感謝しなければならない。

　まず、自分にとって痛いとげを感謝するべきである。悲しみの瞬間、失敗の瞬間、絶望の瞬間、足りなさを覚える時、敗北の時、肉体の痛みにも……

　「この世で一番難しい算数があるなら、それはまさに、私たちに与えられている祝福を数えることだ」

　　　　　　　　　　　　　　エリック・ホッファー

6|29

職場生活のストレスを投げ捨てよ

　朝起きて、仕事に出かける場所があるということは幸せなことである。しかし、職場があるということだけでは感謝できない場合が多い。たとえどんなに良い職場だとしても、自分が願うすべてを満たすことはできない。

　まず、不平を言う前に感謝する心を持とう。今、自分が物質的に満たされ、さまざまな楽しみを享受できるのは、職場があるおかげだと考えてみよう。職場に感謝する心、それがまさに必要な人材となる第一歩である。

　仕事に疲れて、職場に行くことがつらい時、今自分が受けている恩恵がどこから来るのかを考えてみよう。職場は私たちに、他人と付き合うことによる精神的な満足感を与え、また、経済的な必要を満たしてくれる。私たちの周りには、働きたくても働くことのできない270万人の失業者がいる。

　私たちが毎日感謝する心を持って、心の中で「仕事が与えられていて本当に感謝します」と告白するなら、考えは肯定的に変わり、どんな小さなことからでも、大きな感謝が湧き出てくるようになるだろう。

不幸と幸せ

不幸は、不平を言う人のものであり、
幸せは、感謝する人のものである。

不平は、荒れた波のようであり、
感謝は、静かな湖のようである。

不平を言うことは、
失敗の練習をすることであり、
感謝をすることは、
成功する練習をすることである。

July 7|1

日々感謝する 10 のこと

1. 毎朝、新しい一日が与えられたことに感謝……今日も私がすべきことがあるからである。
2. トイレで用を足すことができて感謝……食べることは自分の意志でできるが、用を足すことは自分の意志でできることではないからである。
3. 朝食を食べながら……日ごとの糧が与えられていることに感謝。
4. 食事を共にする友人がいることに感謝。
5. 毎日、車を安全に運転することができて感謝……自分の意志とは違う瞬間が多いためである。
6. 毎日大きな事故もなく、よく育ってくれている子どもたちに感謝。
7. 仕事を終えて帰ると……家でもするべきことがあって感謝。
8. 家族が皆集まり、夕食を食べながら……帰って休むことができる温かい家庭があることに感謝。
9. 子どもたちと本を読み、テレビを見ながら……自分の国の言語があることに感謝。
10. 寝床に入り……今日一日無事に仕事を終え、眠りに就くことができることに感謝。

7|2 朝、感謝で目を覚ませば

朝、感謝で目を覚ませば、
人生は晴れ。

感謝の日差しが不平の雲にさえぎられると、
人生は曇り。

そして、その不平が続くと、
人生は梅雨。

愚かな少女の不平

　アメリカの新聞に15歳の少女がこのような投稿をした。

　「私は不幸です。自分の部屋も持ってないし、両親の干渉が強くて私を信じてくれません。私のことを好きな男の子もいないし、素敵な服も持っていません。私の将来は真っ暗です」

　この投稿を読んだ13歳の少女が、新聞社にこのような文を送った。

　「私は歩くことができません。人が歩いたりすることがどれほど大きな幸せでしょうか。私は歩くことはできませんが、見たり聞いたり、話したりすることができるので、足の不幸に不平を言う代わりに、感謝をしています」

グルントヴィの感謝

　デンマーク復興の立役者、ニコライ・フレデリク・セヴェリン・グルントヴィは、1866年、83歳の高齢で再び国会議員に当選し、議会の壇上に立った。当選後、議会で彼は最高年長者として、次のように演説をした。
　「最初の議会の時にも、最高年長者としてあいさつをしたことがありましたが、以後18年間、各種の改革が数度に渡って進行され、言論の自由、出版の自由などが成就したことに感謝します。今日のこのあいさつが、私の最後のものとなるかもしれません。私が両院議員の皆さんと共に喜び、慰めを受けたのは、自由が死んでいたかつてのデンマークが過ぎ去り、自由が生きている新しいデンマークとなったことです。何よりもそのことに感謝します」
　クリスチャン生活において、感謝が何より中心となるべきであり、特に、悪魔に縛られていた身が、自由にされたことをいつでも感謝するべきである。

感謝を明日に延ばすな

　「子どものおむつが外れたら感謝しますよ」と言っていた両親が、何年か過ぎるとこのように言った。「子どもたちが学校に行って、時間に余裕ができたら感謝しますよ」

　しかし、何年たっても生活は変わらなかった。「子どもたちが卒業して時間ができれば、自分の人生を楽しむことができるだろう」。このように、感謝する理由を探しているうちに、人生はあっという間に過ぎていく。

　今日、人生のあらゆるところに喜びと感謝を見つけなければならない。ともすると、すべての問題が解決し、平穏な状況が訪れるまで人生の喜びと感謝を先延ばしにする傾向があるからである。

　問題が解決するまで、配偶者の信仰が強くなるまで、子どもが変わってくれるまで、事業が上手くいくまで、住宅ローンをすべて払い終えるまで、感謝を延ばし延ばしにしてしまうのである。死ぬ直前にようやく感謝すべきことを見つけてもすべては手遅れなのである。今日を感謝し、人生の旅路を楽しもう。感謝は先延ばしにするものではない。今、この瞬間、感謝を始めよう。

小さなことを大切にしよう

「小さなことを大切に考える人だけが、成功する。
成功する人は、小さなことが積み重なって
大きな結果に至る体験をしてきた人だからである。
　また成功する人は、人生において小さなことに多大な労力を注ぐ人でもある。
　大きなことをたゆみなく続けることができるのは、
誰かが小さなことを誠実に行っていることを知って、
絶えず感謝しているからではないだろうか。
　小さなことに感謝する人が、大きなことを成し遂げるのである」

　　　　ビル・クリントン（アメリカ第42代大統領）

7 感謝の条件

　昨年、息子を留学させた妹家族の話である。
　ある時、息子が１学期の成績表を受け取ってきた。運動が好きな息子は、勉強には関心がない。
　もう中学３年である！
　将来について準備をしなければならない時期なので、母親は気をもんでいるが、息子の夢は運動選手になることで、その後のことについてはまだ具体的には考えていないようである。
　彼の成績は、体育を除いては、がっかりするようなものであった。「家庭通信欄のところを書いておいて」と頼んで運動をしに出て行く息子の後ろ姿を、母親はしばらくにらみつけていた。
　「運動をさせたのが悪かったのかしら」
　そう考えながら外を見ていると、大学生の娘がそっと近づいてきて、「お母さん、悩みでもあるの？」と聞いてきた。弟の成績表のせいであると気づいた娘がこう言った。
　「お母さん。この世に完璧なんてないでしょ。元気出してよ。お母さん」
　その通りである。たとえ、成績が両親の期待に沿わなくても、健康で、運動も一生懸命がんばり、学校にもきちんと通い、先生を敬っている……
　感謝する条件がどれほど多いことか。
　「息子が運動から帰ってきたら、冷たいスイカでも切って一緒に食べよう」と母親が娘に言った。

日々の糧は神様からのプレゼント

　収穫した実のうち、天然の恵み（神様）が96％、人工の恵み（農家）が4％だという話がある。農家の苦労を過小評価するわけではないが、神様の助けなしでは、農家の苦労も無駄になってしまうということだ。

　太陽の日差し、水分や風や露、これらすべては神様が下さる祝福だ。農業をする時、必要な4つの要素は、土地、種、水、日光である。このうち一つの要素が欠けても、農業はできない。これらの要素は、すべて神様が下さるものであり、人間が苦労したからといって得ることができるものではない。

　神様が土地を下さり、神様が種を作ってくださり、神様が適度な雨と日光を下さらなければ、農業を行うことはできないのだ。

　だから私たちは、祈るたびに神様に感謝しなければならない。たとえ自分が苦労して畑を耕したとしても、自分が苦労して得たお金で食べ物を買ったとしても、すべての必要な食べ物は、神様が下さった実なのだ。だから私たちは、すべてのものを与えてくださる神様に感謝をささげなければならない。

ならばどのように感謝するべきか？

　1858年、一人の赤ちゃんが生まれた。彼は喘息を持ち、目の前のろうそくの火を消す力さえなかった。両親は、子どもが生きていけるか心配だったが、父親は、子どもが11歳になった時、このように励ました。
　「息子よ。お前が持っている障害は、障害ではない。お前が全能なる神様を求め、信じるなら、かえってお前の障害のゆえにすべての人がお前を尊敬するようになるだろう」
　少年はこの言葉を真摯に受け止め、神様が共におられることを信じ、障害の苦しみと闘った。結局彼は、ハーバード大学を卒業し、23歳でニューヨーク州下院議員、41歳でニューヨーク州知事、42歳で副大統領に当選した。そして、1901年、43歳で、アメリカの第26代大統領になり、1906年にノーベル平和賞まで受賞した。この人が、まさにセオドア・ルーズベルト（1858-1919）である。

ある無名詩人の感謝の祈り

　時には病にかかるのも感謝である。人間の弱さを悟ることができるからだ。
　時には孤独の沼に投げ出されるのも感謝である。神様に近づく機会であるからだ。
　事が自分の思い通りにいかないことも感謝である。自分の高慢さを反省することができるからだ。
　子どもたちが悩みの種となり、妻や夫を憎らしく思う時があり、両親や兄弟姉妹が重荷に感じる時があることに感謝である。人間がどれほど弱いものかを悟ることができるからだ。
　生活が苦しい状況に感謝である。涙でパンを食べる心が理解できるからである。
　時にむなしさを感じることに感謝である。永遠なるものに近づく機会だからである。
　不義と虚偽が蔓延している時代に生まれたことにも感謝である。神様の義が明らかにされるためである。
　汗と苦労の杯を飲むことに感謝である。神様の愛を悟ることができるからである。

すべてのことについて感謝しなさい

　ある教会の牧師夫人が、病院で胃がんと診断され、ショックで水ものどを通らない状況であった。まだ若い自分がこのような病気になったのは、開拓教会時代にひどく苦労をしたせいだという思いが浮かんできた。そのため、夫に対する恨めしい思いと共に、神様に対する怒りが芽生えてきた。
　そんなある日、牧師の知人がこのような提案をした。
　「ノートを1冊買って、奥様にあげてください。そしてそのノートに、感謝することだけを思いつくまま書くように勧めてください」
　この言葉を聞いた牧師は、さっそくノートとペンを買い、妻に渡した。牧師夫人は、不愛想にノートを受け取った。しかし、しばらくすると彼女は、とても平凡で小さな感謝をノートに書き始めた。そして、一番身近な人から訪ねて行って、感謝のあいさつをし、感謝の祈りをささげた。すると痛みは次第になくなり、足にも力が出てきた。
　しばらくして病院に行くと、医師は驚いた。がん細胞がすっかりなくなっていたからである。

7｜12 務めが与えられていることに感謝

　テモテへの手紙第一1章12節を見ると、パウロは「私は……感謝をささげています。なぜなら、キリストは、私をこの務めに任命して、私を忠実な者と認めてくださったからです」と言っている。

　また、パウロは手紙の冒頭にいつも、「キリスト・イエスの使徒パウロ」と書いている。パウロのように使徒職を大切にした人はいない。彼は、神様が自分に務めを与えてくださったことに対して、いつも感謝していた。その務めが天から与えられたものであるからだ。

　第39代アメリカ大統領のジミー・カーターは、大統領に当選した後も、日曜学校の教師だけは辞めなかったという。その務めが、神様から与えられたものであるという意識があったからである。

　宣教師リビングストンも、「神様から与えられた働きをする時、使命を果たすまでは死なない」と言った。

　今日私たちは、任された務めに対してどれほど感謝しつつ生きているだろうか。

カーネギーの成功の理由

　鋼鉄王と呼ばれるカーネギーは、スコットランドで紡織工の息子として生まれた。幼いころ、彼の家庭はとても貧しく、ついに15歳になった年、アメリカへ移民することになった。しかし、彼らには旅費がなかった。

　そんな中、母親の友人のアンダーソン夫人が、すぐに20ポンドを貸してくれた。いくら友人とはいえ、もう会えないかもしれない移民者にお金を貸すということは、簡単なことではなかった。カーネギー一家は繰り返し礼を言い、「借りたお金は必ず返す」と約束した。

　アメリカに到着したカーネギー一家は一生懸命働き、毎日50セントずつ貯金をした。そしてついに20ポンドに達した時、互いに喜び祝った。その日、カーネギーは「これで負債を返すことはできたが、アンダーソン夫人の愛と感謝はこれからも永遠に返すことはできないだろう」と言ったという。

　カーネギーは恵みを知る人であり、感謝することを知っている人であった。彼の成功の理由の一つは、彼の感謝する態度であると言っても過言ではないだろう。すべてのことに感謝する人が成功する確率は、そうでない人に比べてとても高いと言われているからだ。

14

世紀末の特徴

　今は、感謝を忘れた時代である。初代教会時代の教父であるクリソストムは、「罪の中で最も大きな罪は、感謝できないという罪である」と言った。感謝する心なしに生きる人生は、のろいの人生である。

　内村鑑三は、「神様が人間をのろうなら、死や病、失敗や裏切りなどに遭わせるのではなく、神様が生きておられることを信じない不信仰、聖書を読んでも入っていかないふさがれた耳、感謝がない渇いた心を与えることだろう」と言った。

　今の私たちは、豊かな時代を生きながらも、感謝を知らずに生活している。満ちあふれた時代であっても、それを知らずに生きている。そのため、人生に感激がなく、感謝がなく、喜びがないのである。

　「みだらなことや、愚かな話や、下品な冗談を避けなさい。むしろ、感謝しなさい」（エペソ５：４）

これも感謝、あれも感謝

　大西洋を航海する旅客船があった。ところが、突然暴風雨に遭い、強い波にあおられてしまった。乗客はパニックで右往左往した。しかし、このような混乱の中でも、平常心を失わない老婦人がいた。彼女は静かに目を閉じて祈り、顔に穏やかな笑みまで浮かべていた。数時間後、海はうそのように静まり、船は無事に港まで到着した。船長が老婦人に尋ねた。

　「あなたはなぜ、船が沈没するかもしれないという時にも、あのように落ち着いて平穏でいられたのですか？」

　「私には２人の娘がいます。一人はここボストンで暮らしており、もう一人は天国にいます。私は、船が高波にあおられている時、このように祈りました。『神様。もし私が無事に港に着けば、ボストンに住んでいる上の娘に会えるので感謝します。しかし、この嵐で船が沈没するなら、あれほど会いたかった下の娘に天国で会えるのでそれも感謝です』」

　その通りである。まことの感謝は、「これも感謝、あれも感謝」である。

母の心配

　ある田舎の村に、2人の息子を持つ母親が住んでいた。一人の息子は傘商人であり、もう一人の息子は草履を売っていたが、すべての親がそうであるように、この母親は毎日息子たちを心配し、憂いていた。

　彼女は、雨が降れば草履売りの息子を心配し、太陽がかんかんと照りつける日には傘商売をしている息子を心配した。そのため、一日も心配しない日はなかった。それを見ていた隣の家の人が気の毒に思い、彼女にこのように忠告した。

　「雨が降る日には、傘商人の息子がよく稼げると思って感謝し、天気の良い日には、草履売りの息子の商売がうまくいくと思って感謝しなさいよ」

　その言葉を聞くと、最もだと思った。そこで母親は考えを変え、毎日感謝したため幸せになった。現実は全く変わっていないが、心の姿勢が変わったため、感謝することができるようになったのだ。

絶望の中でも感謝を忘れるな

　一人の人が無人島に漂流した。彼は、生きるために木の枝を集めて仮小屋を作り、食べ物も集めた。そうして冬が来た。ところが、寒さを避けるために仮小屋の中で火を炊いていたところ、小屋がすっかり燃え、小屋の中に集めていた食料もすべて燃えてしまった。彼は絶望したが、驚いたことが起きた。あれほど待ちに待っていた船が無人島に向かって近づいてきたのだ。ついに彼は救助されたのである。そこで彼は船長に尋ねた。

　「私がここにいることがどうして分かったのですか？」

　「この近くを通り過ぎた時、この島から煙が上がっていたのが見えたので、『誰かが救助信号を送っているのだ』と思い、船の向きを変え、ここに来たのだ」

　結局、彼を絶望させた小屋の火事が、彼を救ったのだった。

　今日の不幸と挫折が、明日の幸福と栄光となるかは誰も分からない。だから、現実だけを見てすぐに判断し、苦しんだり絶望したりせず、すべてを働かせて益としてくださる神様に拠り頼み、まず感謝するようになりたいものである。

18

痛みを感謝

　アメリカのポール・ブランド博士は、宣教師の息子として生まれ、インドで20年、アメリカで30年間、ハンセン病患者を世話した医学者である。著書『苦痛というプレゼント』（The Gift of Pain）で彼は、「苦難の中にも感謝する心を持たなければならない」と言っている。

　ある日、イギリスに出張に行って忙しいスケジュールを終えた後、ホテルに帰って靴下を脱いだ瞬間、彼はかかとの感覚がないことに気づいた。一瞬、不吉な予感がよぎった。急いでピンを探し、くるぶしの下の部分を刺してみた。血が出てきたが、感覚がなかった。彼は自分がハンセン病にかかったかもしれないという疑いと共に、いろいろな考えが浮かんできた。

　彼は、夜が明けるまで絶望の中にいたが、夜明けごろ、何気なくスプーンの先でもう一度くるぶしの下をぐっと刺してみた。その瞬間、ものすごい痛みを感じた。彼は、長時間の旅行で神経のある部分が麻痺していたということが分かった。そして、痛みを感じるということがどれほど大きな祝福であるかを悟ったのだった。その後、彼は困難な時も、心に苦痛がある時にも感謝をした。人生の中で経験するすべての苦痛、あらゆる苦難にも感謝をするようになったのである。

知恵深い妻

　ソルマンという画家がいた。彼は、結婚して間もなく、若くして病にかかってしまった。医師がこう言った。
　「あなたは、リンパ腺結核を患っています。この先3カ月しか生きられないでしょう」
　妊娠中であった妻は、苦しんでいる彼を、このように慰めた。
　「3カ月しか生きられないと考えず、神様から3カ月をいただいたと考えましょう。誰も恨まずに、貴重なこの期間を、とっても美しいものとしましょう。そして、私たちに3カ月も下さった神様に感謝をしましょう」
　二人は喜び、感謝しつつ一生懸命生きた。ソルマンは熱心に絵を描き、驚いたことに彼の病はどんどん良くなっていった。彼が描いた絵の中で、有名な作品がイエス様の顔を描いた肖像画である。ソルマンは他の画家とは違い、イエス様を指導力があり強い性質を持った人物として表現した。また、この絵は世界的に有名になり、数百万枚も印刷され、今日も多くの家庭に所蔵されている。

いつでも感謝

　ドイツの詩人で作家でもあるゲーテの文章の中には、次のような言葉がある。
　「呼吸には2つの恵みがある。
　空気を吸って吐くのだが、吸うことは抑圧されることであり、吐くことは解放されることである。
　命はこのように調和されている。
　神様が抑圧される時、神様に感謝しなさい。
　神様が再び解放される時、神様に感謝しなさい」
　神様がされる働きは絶妙であり、感謝することのみである。

7|21

「ありがとう。アメリカ」

　在米韓国人であるパク・ソングンは、朝鮮戦争60周年を迎え、アメリカ軍派兵として、韓国の自由を守ったアメリカに感謝するようにという趣旨の広告看板を、アトランタ高速道路わきに設置し、話題となったことがあった。

　彼が設置した広告看板には、星条旗と、アメリカにいる韓国人を象徴する、たいまつを持っている朝鮮時代の格好をしている韓国人男性の絵が描かれていた。その横には英語で感謝文が書かれていたが、その内容は次のようなものであった。

　「アメリカ人は、韓国の自由を守るために犠牲になった。韓国人は『ありがとう、アメリカ』と言っている」

　彼は「幼い時に朝鮮戦争を経験した私としては、遠い異国の韓国にまで来て、尊い犠牲を払ったアメリカ軍とアメリカの支援に感謝せずにはいられません。彼らの犠牲と支援がなかったら、今日の韓国の発展はありえないと考えます」と言った。

　広告を見たアメリカ人も彼に連絡し、このように感謝を表してくれたことに対して感謝した。

足で書く私の人生の楽譜

　『足で書く私の人生の楽譜』。これは、天使の歌声でゴスペルソングを歌う、レーナ・マリアの手記のタイトルである。彼女は多くの人々に感動を与えている。

　彼女は生まれながら両腕がなく、脚も片方が短い。しかし、彼女は天使のような声で神様を賛美しながらこう語る。

　「障害は、今日の私となった本質的な要素です」

　感謝は、レーナ・マリアの人生を太陽よりも明るくした。人は、物事がうまくいって平穏な時に感謝が湧き出てくると思っているが、実際はそうではない。一番深い沼底に下りた人だけが、一番深い感謝をささげることができるのである。

　悟りなくして感謝はない。苦痛なくして悟りはない。悟りの深い世界に感謝し、感謝をする時に幸せにつながる。幸せだから感謝するのではない。感謝するから幸せなのである。

感謝の力

　レストランを経営している人がこのように言った。
　「私は、一日を始める前に、自分の職業に感謝する心を持ちます。自分が好きな職業に就いていることに感謝し、他人のために働くことができ、彼らを喜ばせる食事を提供できることに感謝します。
　一緒に働く職員にも感謝の心を持ちます。次に、今日レストランに食事をしに来られるすべての人に感謝します。そして、自分自身にも感謝します。一日を始める前に、感謝のウォーミングアップをすると、その日一日を気分よく過ごすことができます。
　以前は、いろいろな心配で一日を始め、一日中不満とイライラの中で一日を過ごしていました。しかし、今は心配を感謝に変え、すべてのことがうまくいっています。最近は一日が楽しいのです」

24

欲が人生をだめにする

　なぜ人は、感謝せずに不平と恨みでいっぱいの人生を送るのだろうか。

　その理由は、人が欲の奴隷として生きているからである。感謝は、欲の縛りから放たれる時、悟ることができる。

　アフリカの原住民はサルを捕まえるため、サルの手がやっと入るくらいの穴を開けた、ひょうたんで作った入れ物を木の枝にぶら下げ、その中にえさを入れるそうだ。するとサルは、入れ物においしいえさが入っていることを確認し、その中に手を入れてえさをしっかり握るため、入れ物から手を抜くことができなくなる。しかも、原住民が来ても、最後まで手に握ったえさを離さないため、結局捕まってしまうのだ。

　人が、置かれた状況に感謝できず、行き過ぎた欲を持つと、人生をだめにするという道理である。

不平製造業者

　ある日、ノーマン・ヴィンセント・ピール博士が列車で旅行をしていた。向かいに一組の中年夫婦が座っていたのだが、その夫人はずっとぶつぶつつぶやいていた。座席が座りづらい、シートが汚い、掃除も良くしてないせいか匂いがひどい、さらには乗務員も不親切だと不平を言っていたのである。
　この時、夫人の不平を聞いていたご主人が、ピールにあいさつし、自己紹介をした。
　「私は弁護士で、妻は製造業をしています」
　ピールは尋ねた。
　「奥様はどんな種類の製造業をしているのですか」
　すると、ご主人は笑いながら答えた。
　「常に不平を作る製造業です」
　少し大変で難しいだけでも不平を言い、つらいと文句を言うと良くなるのだろうか。感謝する姿勢は、私たちの人生を幸せにするが、不平を言う姿勢はすべてをだめにしてしまうのである。

食事の感謝の祈りの３つの効果

　感謝して食事をする人と、そうしない人とでは、どのような違いがあるだろうか。アメリカの医師、ジョン・ジャーウェンが、感謝の祈りをして食事をする人と、そうしない人とでは、健康に違いがあるという事実を発表したことがある。彼が発表した３つの効能は、次の通りである。
　食事のたびに感謝をする人には、
1. 疾患を予防し、免疫機能を向上させるホルモンが生みだされ、
2. 疾患の進行を抑制し、病原菌の侵入を防ぐ抗毒素が生みだされ、
3. 一種の防腐剤成分として、胃腸内にある食べものが腐敗したり発酵したりするのを抑制する成分であるアンチセプチンが生みだされる、というのである。

　不思議なことに、私たちが感謝して食事をする時、私たちの体が先に反応し、有益な分泌物を生みだすということは驚くべきことである。感謝をせずに食べるごちそうより、質素なものでも感謝をして美味しくいただく時、それが私たちの体により良いものとなるという事実に、感謝の力をもう一度実感するようになった。

すべてのものがなくなっても感謝

　ハンセン病患者であった俳人、玉木愛子さんは、病気の症状が出てくるとこのように言った。
　「まつげが抜けて、まつげのありがたみが分かった。ほこりが目に入ることが、こんなに痛いということを知らなかった。神様が私に病を下さり、たくさんの感謝の心を知るようになったことがどれほど感謝なことか分からない。肉体の目が弱り、霊の目が開かれ、感謝である」
　持っている物にだけ、持つべき物にだけ感謝するのではない。失い、なくなっても感謝することのできる人が祝福を受けるべき感謝の人である。

感謝人生

「矢のように過ぎ去っていく歳月の中
つらいことが増えていき
状況が良くなる兆しが
全く見えない時
私の心を明るくする灯りを一つ点けよう
感謝の灯りを！
いばらのような心が肥沃な土地となるだろう

　　　　　　　　　　　　　作者不詳

財布にお金が入って返ってきた

　アメリカのニューハンプシャー州のコンコードに住んでいるニコルは、ある日財布を失くしてしまった。失くした場所さえ思い出せない彼女は、結局財布を探すことをあきらめたのだが、しばらくしてある男性から連絡が来た。彼は誕生日プレゼントにリュックサックをもらったのだが、その中に財布が入っていたという。そこでようやく彼女は、ショッピングモールで買ったリュックサックを返品した時に、中に財布を入れたままであったことを思い出した。

　ニコルは2人目の子どもを産んで間もないため、そのような失敗をしたのだろうと話し、相手の男性は財布を送り返してくれた。ところが、財布の中には、前には入っていなかった現金150ドルが入っていた。現金と一緒に入っていた名刺を見つけた彼女が感謝のメールを送ると、返信が来た。

　「私も子どもが4人もいるので、あなたがどれほど忙しく大変かよく分かります。少しですが、助けになればと思いました。機会があれば、あなたも他の誰かのために良いことをしてくれたらと思います」

　自分の人生を感謝で染めるだけでなく、周りまで感謝で染めることができたなら、その人生はどれほど幸せな人生であろうか。

幸せは感謝する心の中に育つ

　成功した人の共通点は、自分の働きを大切にし、感謝しつつ生きていることである。また、彼らが成功した理由を調べてみると、自分の仕事と一つになっている。したくもない仕事を嫌々するのではなく、楽しく、喜んで、自発的に働いている。彼らは自分の仕事を考えながら寝床に就き、わくわくした心で起き、毎日遠足に行くような軽い足取りで職場に向かう。

　世界一の富豪であるビル・ゲイツ氏がこのような言葉を残している。

　「私は、世界で一番楽しい職業に就いています。毎日仕事をしに行くことが楽しくて、感謝するのみです。なぜなら私の職場では、新しいチャレンジと機会と学ぶべきことが常に私を待っているからです」

　成功する人たちの共通点の一つが、このような働きに対する情熱と感謝である。彼らが会社の代表取締役だからだろうか。そうではない。自分の仕事を感謝し、楽しむことができる人は、どんなに小さな仕事であっても、幸せな人生を送るようになり、最後にはその仕事で成功するのである。

感謝を表す方法

　ティムは、10段ギアの自転車が欲しいと思っていた。しかし、それは不可能だと分かっていた。
　彼の父親は2年前に突然亡くなり、母親が少額の年金と生活補助金で生計を立てていたからである。そこで彼は、兄が10年間乗っていた古い自転車で我慢することにした。
　そんなある日の夜、おじさんが、自分が乗りたがっていた自転車を持ってやってきた。
　「ティム。これはおまえのだ。使いなさい。だけど、今年の夏の間、毎週一度、芝生を刈る人が必要なんだ。やってくれないか」
　ティムは毎週土曜日、新しい自転車に乗って誠実におじさんの芝生を刈った。そして心をこめて雑草さえも抜いた。
　単純な言葉だけでなく、敬意を表すこと、それこそ本当の感謝である。

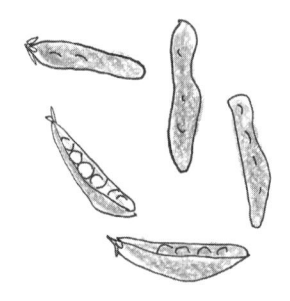

August 8|1

感謝をするなら

　太陽の日差しがとりわけ強く照りつける蒸し暑い夏の日、小さな草の葉は、太陽に向かってしばらくの間文句を言っていた。すると、ちょうどうらさびしい風に乗って、雨が降ってきた。雨を見上げながら、小さな草の葉は、雨に向かってありがとうと言った。
　「いいえ。私が勝手に降るのではなく、冷たい風に押し出されて降るのだから、お礼を言うなら風に言いなさい」
　草の葉は、風にあいさつをした。
　「私が勝手に吹いたのではない。雲が水分を溜めてくれるおかげで雨が降るのだ。だから、感謝をするなら雲にしなさい」
　そこで、今度は雲にあいさつをした。
　「あの熱い太陽が照りつけているおかげで水分を吸収して雨を作ることができるのだ。本当に感謝をしたいなら、そこにいる太陽に感謝しなよ」
　太陽にお礼を言うと、太陽はこう言った。
　「私の思い通りにできるものではない。それらすべてのことは神様の摂理であるから、神様に感謝をしなさい」

感謝と不平

感謝は恵みを覚える者の叫びであるが
不平は恵みを忘れる者の声である。

感謝は周りの人に温厚な印象を残すが
不平は周りの人に冷たい風を起こす

感謝は喜びの声であるが
不平は文句の声である

感謝は肯定的な人生の表現であるが
不平は否定的な人生の姿である

感謝は勝利した人生であるが
不平は敗北した人生の姿である

感謝は神様の贈り物であるが
不平は悪魔の贈り物である

真逆な兄弟の話

　一人はとても肯定的で、もう一人はひどく否定的な兄弟がいた。

　心理学者は二人に実験を試みた。否定的な少年の部屋にはおもちゃを数百個とおもしろい本を持って行き、肯定的な少年の部屋は汚い馬小屋のようにし、照明もとても暗くした後、それぞれの部屋で12時間過ごさせた。

　12時間が過ぎて最初にドアを開けると、否定的な少年はドアのそばで泣いていた。なぜおもちゃで遊ばないのかと尋ねると、少年は涙を流しながらこのように言った。

　「遊んだらおもちゃに傷がつくじゃないか」

　次に、暗い馬小屋のようにした部屋に行った。ドアを開けると、肯定的な少年は、とても楽しそうに笑いながら、声をあげて干し草の山に埋もれていた。心理学者が静かに近づくと、少年は叫んだ。

　「小馬がどこかに絶対いるはずなんだけど……必ず見つけ出すぞ」

　このように、否定的な子どもは常に不満の理由を探し、肯定的な子どもは新しく楽しい感謝の気持ちで、楽しい人生を生きるようになる。大人も同じである。

キア自動車を送ってくださり感謝

　韓国の自動車メーカーであるキア自動車の工場がアメリカのウエストポイント市にある。その住宅街には、「キア社を私たちの町に送ってくれたイエス様、感謝します」という標識がある。

　そこに住んでいるローズは、「町の一部の住民は、キア社は神様からのプレゼントであり、ウエストポイントはキアタウンであると言っている」と強調した。

　これを立証するかのように、ウエストポイント市には、すでに韓国食堂二店が営業を始めており、日本料理店、中華料理店も開業している。オープンして１年の靴屋も、キア自動車の職員への販売によって最高の収益を記録したほどで、各種産業が恩恵をこうむっているのである。

　ジョージア工科大学の企業革新研究所は、キア自動車と技術提携、また関連サービス産業が、11,433人の雇用を生みだすと見込まれている。さらに2012年までに近隣90の地域に20,296人の雇用を創出し、経済的効果が65億ドルに及ぶと見られている。

　キア自動車が町に来たことを感謝し、喜んでいる住民のように、私たちの周辺にある企業について感謝の心を持ってはどうだろうか。

8|5

事故を感謝したウィリアム・ケアリ

　イギリスで靴を作っている貧しい少年がいた。少年は靴を作りながら、ギリシャ語、ヘブル語、ラテン語を独学で学んだ。少年は教会に通いながら熱心に勉強し、1792年、バプテスト教会の宣教師となってインドへ渡った。

　この少年こそ、現代宣教の先駆者となったウィリアム・ケアリである。ある日、ケアリが8年近くかかってインド語に翻訳した聖書の原稿を、子犬がろうそくを倒して燃やしてしまった。普通の人なら、怒ってひどく絶望することだろう。しかし、ケアリは子犬を抱いてこのように祈った。

　「神様。感謝します。私の原稿が足りないことを知っておられ、完全な物にするため、もう一度翻訳するようにしてくださったのだと思います。またやり直します」

どれほど感謝なことか

　英国学士院には、科学者たちの肖像画がかけられている。万有引力の法則を発見したアイザック・ニュートンや、黒体輻射に関するレイリー・ジーンズの法則の誤りを指摘したジェームズ・ジーンズは、みなイギリスが生みだした偉大な科学者である。

　　ジーンズはこのように告白している。
「私は一人の科学者に過ぎません。学問を研究すればするほど、創造主なる神様の偉大さに感服するのみです。限られた知識を知ろうとする被造物である私が、どうして神様の無限の力を知ることができるでしょうか。長くはない人生を送りながら、生きておられる神様の働きを体験することができ、信仰生活をすることが実に難しいと感じる時も多かったです。神様は私に多くの試練と苦難を与えられましたが、キリスト・イエスにあっては、苦難は必ず恵みとなるという事実を悟り、どれほど感謝したか分かりません」

満足と幸せの感謝

　イギリスの宗教家として有名な祈りの人、ウィリアム・ロー（1686-1761）は、満足と幸せを一番早く見つける秘訣は、すべてのことについて感謝することだと語った。
　「もし誰かに、人生の幸せと満足を見つける一番早くて確実な方法が何かと尋ねられたら、どんな出来事が起こったとしてもそのことに対して無条件で神様に感謝し、賛美をすることだと答えるだろう。なぜなら、一見不幸な災難のように見えることでも、そのことに対して神様に感謝し、賛美をするなら、それがかえって祝福の結果をもたらすことがあるためである。
　この世の聖人たちは、祈りを特別多くする人でもなく、断食をたびたびする人でもなく、施しをたくさんする人でもなく、つつましく生きる人でもなく、義のある生き方をする人でもない。神様の前に常に感謝をし、神様の望まれることを自分もしようとする人である。つまり、どんなことにも神様の考えがあるということを知り、受け入れ、神様を賛美し、感謝する心を持っている人たちである」
　すべてのことについて感謝すること、それは常に、幸せと満足をもたらす秘訣である。

8

感謝します

「これも感謝であり、あれも感謝。
知っていることも感謝、知らないことも感謝。
愛らしいものも感謝、愛らしくないものも感謝。
感謝。感謝。感謝……

姿かたちが違うすべての人が感謝。
広く、狭いすべての心が感謝。
すべての魂が持つ才能と賜物が感謝。
感謝。感謝。感謝……

人生が私たちをレモンとして扱ったとしても、
私たちは感謝し、レモネードを作ります。
黒雲が厚くかかっていても、私たちは感謝します。

　何であろうと、誰であろうと、私たちが感謝することを止めることはできない。そう。このように感謝する知恵と恵みがあふれていることを私たちは感謝します」
　　　　　　　　　　　　　　スマイル・ヘンリー

詩人ソン・ミョンヒの感謝

　韓国に、ソン・ミョンヒという詩人がいる。彼女は生まれた時から脳性麻痺のために体が曲がり、一言話すのにもひどい苦痛を伴う一級障害者である。そんな彼女がイエス様に出会い、数えきれないほどの詩を書いた。その中の一つに、「私」という詩がある。

　　私、持っている財産ないけれど
　　私、人の持っている知識ないけれど
　　私、人の持っている健康ないけれど
　　私、人にないものがあり、人の見ないことを見
　　私、人の聞かない声を聞いて、
　　私、人の受けない愛を受けて、
　　私、人の知らないことを悟ったね。
　　義の神様は、人の持っているものを
　　私に下さらなかったけれど、
　　義の神様は、人の持っていないものを
　　私に与えられたね。

　静かに吟味してほしい。何を感謝しているのだろうか。何に感激しているのだろうか。脳性麻痺のため、他人が持っているものの90％を持っていない人である。しかし、イエス様に出会って、イエス様が彼女の心を満たしてくださったのだ。すると何に感謝しているのか。他人が持っていないものが自分にはあり、自分が持っているものが他人にはないことを見て、かえって、「神様。私は世の人が所有し、楽しんでいるものがなくても、イエス様一人の愛を受け、あなたを目で見、あなたの声を聞くだけでも幸せです。感謝します」と言っているのではないだろうか。

8-10 奇跡の中の奇跡

　20世紀最高の物理学者、アルバート・アインシュタインは、このように語った。
　「人生には、2種類の生き方がある。1つは奇跡のようなものはないと信じる人生であり、もう1つは、すべてのことが奇跡であると信じる人生である。私が考える人生は、後者の方である」
　また、マイケル・フロストは、こう語っている。
　「現代人は、日常生活の中で戦慄を感じることを知らない。本当に重要なことは、奇跡自体ではなく、奇跡を見る私たちの目である」
　日常の歩み自体が奇跡であると悟ることは、難しいことではない。病院の救急室やICUに行くと、私たちが当然だと感じている日常的なことがどれほど感謝で奇跡であるか、すぐに感じることができる。
　アインシュタインの言葉を借りなくても、私たちの周りに起こるすべてのことは奇跡である。
　もちろん、奇跡の意味は人によって違うかもしれない。昏睡状態の人にとっては、指一つ動かすことも奇跡であり、重病患者にとっては、呼吸が自由にできることも奇跡である。彼らにとっては、食べることはおろか、水を飲むことさえも奇跡である。
　またある人は、砂漠の岩から水が出れば奇跡だと考えるが、砂漠で水一口を手に入れることさえ奇跡である。また、中風で長いこと寝ていた人にとっては、杖をついて歩くだけでも奇跡である。
　「一日に数百万個の奇跡が起こるが、その奇跡を奇跡と信じる人にだけ奇跡となる」
　　　　　　　　　　　　　　　　　ロバート・シュラー

8/11

妻に送った手紙

　ソン・ヤンウォン牧師は神社参拝に反対し、5年間牢獄され、ハンセン病患者のために生涯をささげた末、共産軍によって殉教した。彼は「愛の原子爆弾」として知られているが、彼の手紙を見ると、「感謝の原子爆弾」であると言っても過言ではないだろう。彼が牢獄から、病気の妻ジョン・ヤンスンへ送った手紙を一つ紹介しよう。

　「妻へ
　病気でどれほどつらいことだろうか。このような暑い夏に高熱を出し、しかもひどい病気にかかり、悪いことは重なるものだ。しかし、信仰と真理は、気候と環境を超越するから安心してください。
　花が咲き、鳥が鳴く季節だけでなく、雪が降る冬の厳しい寒さの中でも、神様の愛は変わらない。華やかな豪邸で良い暮らしをする時だけ神様を賛美するのではなく、粗末な家でひもじく病にかかっている時でも、神様を賛美しなければならない。いつも喜んで、すべてのことについて感謝してください。
　　　　　　　　　　　　　　1943年8月18日」

ダミアン牧師の感謝

　ダミアン神父は、ハンセン病患者を収容していたハワイ・モロカイ島に単身で渡り、福音を伝えた。しかし、患者たちは彼に完全に背を向け、福音を受け入れなかった。

　ダミアン神父は、なぜ自分が伝える福音を彼らが受け入れないのか、その理由を良く知っていた。そこでこのように祈った。

　「神様。私も彼らと同じ病にかからせてください。そして、私も彼らの苦痛を共に味わい、福音を伝えさせてください」

　ある日の朝、ダミアン神父は誤って熱いお湯を足にこぼしてしまったのだが、全く熱さを感じなかった。彼にハンセン病が訪れたのであった。その瞬間彼はその場にひざまずき、神様に祈った。

　「神様。感謝します。これで私も彼らに福音を伝える時、『あなたたち』ではなく『私たちハンセン病患者は』と説教することができるようになりました。神様、この喜びの病を下さり、本当に感謝します」

リバイバルする教会

　アメリカのセントルイスを旅行していた一人の弁護士が、日曜日の朝、礼拝する教会を探していた。すると、交通整理をしている警察官に出会った。
　「お疲れ様です。この近くで良い教会を探しているのですが。どこか知っていますか」
　警察官は、ある教会を紹介してくれ、弁護士は教えてもらった教会を訪ねた。ところが、向かう途中でいくつかの教会があることに気付いた。
　「もっと近い教会があるのに、なぜこの教会を紹介してくれたのだろうか」
　礼拝が終わり、帰る途中で弁護士は、あの警察官にまた会った。弁護士は警察官に、教会はいくつもあったのに、なぜあえてあの教会を紹介したのかと尋ねた。すると、彼はこう答えた。
　「この地域でどの教会が良い教会なのか、私は直接行ったことがないのでよく分かりません。けれども毎週日曜日の朝、交通整理をしていると、あの教会に通う人々の表情が一番明るく見えました。そして、私に必ず『お疲れ様』とあいさつをしてくれるんですよ。それであの教会がきっと良い教会だと思って自信を持って紹介したのです」

14 とげを感謝する方法

痛い時も、我慢ができることに感謝
試験に落ちたけれど、
あきらめずにまた挑戦する思いを持てて感謝
早期退職したけれど、心強い家族がいるので感謝
寂しいけれど、
聖書を読んで、神様に集中できるので感謝
手を焼く子どもを通して、
人生を学ぶことができて感謝
経済的に苦しいため、
子どもたちが早く自立するようになり感謝
狭い家に住んでいるが、
掃除をする場所が少ないので感謝
ひとりぼっちになってしまう時、
私の悪いところを知り、直す機会となるので感謝
交通事故で失明したが、
家族の深い愛を感じることができて感謝
就職に続けて失敗した子どもが、
親をさらに尊敬するようになり感謝

人の魅力

　コロサイ人への手紙４章２節を見ると、「目をさまして、感謝を持って祈りなさい」とある。事実、祈りの中で一番多くなければならないのは「感謝」である。神様は、不平を言う人より、感謝をする人の祈りに耳を傾けてくださる。

　神様の基準に自分自身を照らしてみれば、どれほど足りない部分が多いことだろう。ニュースでひどい罪を犯した人を見れば、私たちはその人をなじるが、厳密に言えば、私たちの内にもそのような恐ろしい罪悪が潜んでいるのである。

　ある人は、離婚した人を見て「神の子どもがどうして離婚なんかするのか」と信仰が弱い人のように考える。ところが、自分も離婚を経験すると、初めてその人を理解するようになる。現実的に、離婚した人も離婚しない人も大きな違いはない。人の心と行為は、神様から見ると、どんぐりの背くらべである。

　それでも、私たちに問題と苦難がないのは、自分に罪や非がないからではなく、ただ神様の恵みである。

　そう考えると、すべてが感謝することばかりであり、苦難があっても、もっと大きな苦難がないことに感謝しなければならない。そのようにして私たちは、常に感謝しつつ祈るべきである。

　「神様！　足りない私を忍耐してくれることに感謝します」

　そして、私たちを我慢してくれている神様の忍耐に感謝し、私たちも配偶者や子どもや他の人に対して忍耐しなければならない。人の魅力は、忍耐にあるというからだ。

人を責める習慣は、不幸の原因

　不幸な人生を送っている人の特徴の一つは、感謝がないということだ。彼らは常に、「私がやりきれないほど不幸なのは、あの人のせいだ！」と考えている。しかし、幸せに生きている人は、「私がうまくいっているのは、あの人のおかげ」と、他人に称賛を送っている。

　ある人が、ご飯を食べていて小石が混ざっていても、奥さんが申し訳なく思うだろうと静かに処理していた。生涯そのように生きていることを妻は知らない。そんなある日、夫は妻が友人に自慢しているのを聞いた。

　「私は、結婚生活20年間今まで、一度も夫に小石の混じったご飯を食べさせたことがないのよ」

　それを聞いた夫は満足げにほほえんだ。このように、感謝の心を持って生きるなら、理解できないことは何もない。給料をたくさん稼ぎ、ダイヤの指輪をプレゼントしてあげられたら幸せだというのではない。配偶者を配慮する心構え、いつも妻に感謝する心がより重要なのだ。

　時には妻と夫の心が一致せず、けんかをすることもあるが、よく考えてみれば、感謝することの方が多い。互いに対して、悪いことより良いことを見て生きる人が幸せな人なのである。

感謝の原理

小さなことに感謝しなさい
大きなものを得るでしょう

足りない時に感謝しなさい
あふれ満たされるでしょう

苦しい中で感謝しなさい
問題が解決されるでしょう

持っているもので感謝しなさい
楽しみながら生きることができるでしょう

18

服1枚、ご飯1膳の心の姿勢

　昔は人がパンを食べるためには、その陰にどれほど多くの働きがあったのだろうか。まず、畑を耕し、種を蒔いて、それを育てて刈り入れ、小麦粉を作り、こねて焼くなど、いくつもの段階の過程を経なければならなかった。

　しかし現代は、お金さえあればパン屋の作ったパンを簡単に買うことができる。昔は一人でしなければならなかった工程を、今は何人もの人が分担して作業しているからだ。だから、パンを食べる時には、陰で苦労した人々に感謝する心を忘れてはいけない。

　そう考えると、昔は人が服一つ作るにも、どれほど多くの作業をしなければならなかったか。野原に行って羊を捕まえ、育てて毛を刈り、その毛で糸を作って生地を織り、それで服を作って完成するまで、多くの労苦が必要であったことだろう。

　しかし現代は、お金さえあれば、気に入った服を好きなだけ買って着ることができる。昔は一人の人がしなければならなかった多くの働きを、今は何人もの人が分担して作業しているからだ。だから、服を着る時も、感謝する心を忘れてはいけない。

愚かな不平

　金持ちの農夫が、息子を大学に行かせた。1年間、生物学、哲学、植物学を学んできた息子が、休みの時、故郷に戻って父親に、大学の勉強は有益で楽しいけれど、混乱すると言った。

　その理由は、「なぜ神様はすべての被造物を創造された時、間違いをされたのだろう」ということだった。

　息子は、「例えばなぜ神様は、このように大きなどんぐりの木に、あんなに小さな実を結ばせるようにし、なぜ弱いカボチャのつるにはあんなに大きな実を結ばせるようにしたのか」と尋ねた。

　その時ちょうど、息子の頭の上にどんぐり一つが落ちてきた。すると、父親が言った。

　「そのどんぐりがカボチャだったら、お前の頭はどうなっていたか！」

　この言葉を聞いた息子は、「神様。カボチャが落ちてこないことを感謝します」と言った。

20 感謝おばあさん

　アメリカの新聞ガイド・ポストに掲載されていた話である。88歳の黒人のメカティーは、アメリカ・ミシシッピー州ハティスバーグで生涯クリーニング店をしながら生計を立てていた。
　彼女は12歳の時、自分を育てていてくれた叔母が病にかかったため、小学校を中退して幼くして一家を支えることになった。そして、母の代からの家業であるクリーニング店を継いだ。仕事は、機械で洗濯するのではなく、手で洗い、アイロンをかけて納品するものであった。しかし彼女は、一度も自分の身の上を嘆いたり不平を言ったりしなかった。彼女は74年間、ひばりのように楽しく讃美歌を歌いながら洗濯をし、アイロンをかけた。そんなメカティーおばあさんの喜びは、2つあった。一つは、日曜日ごとに教会へ行き、感謝献金をささげることであり、もう一つは、銀行に寄って一日の収入を貯金することであった。70年間、彼女は一度も貯金を下ろさなかったが、仕事を辞めてから、それまで貯めたお金のすべてを下ろし、十分の一を教会に献金し、十分の九である15万ドルを、南部ミシシッピー大学に奨学金として寄付したのだった。
　その善行が世に知られ、彼女は名誉市民賞を受けた。メカティーは「感謝おばあさん」と呼ばれているという。

カーネギーの幸せを見つける公式

　カーネギーは著書の中で、「幸せを見つける公式」を紹介している。
　１つ目、自分が持っているものの目録を作る。家族、自動車、家、貯金通帳、職場、健康、眼鏡、電話など、大切なすべての物を書き出すのである。
　２つ目は、そのすべてが、みな燃えてしまったり、なくなってしまったと考える。もっと具体的には、職場から追い出されたり、がん宣告を受けたり、子どもたちが交通事故に遭ったりなど、良くない状況を考えてみる。
　そして３つ目に、失ってしまったそのすべてが、一つずつ再び自分の元に戻り、完全に最初の状態に回復したと想像してみる。
　このような想像の公式を踏むと、今生きていることが感謝であり、家族がいることが感謝であり、家があることが感謝であり、職場があることが感謝であり、病気でないことだけでも感謝することができ、結局今の自分がどれほど幸せであるかを感じるようになるという。これがまさに、カーネギーの「幸せを見つける公式」なのである。

8/22

健康でありたければ感謝しなさい

　ネルソン・マンデラ前大統領は、「世界のトップの中で、監獄に一番長くいた人」である。黒人として、全世界の尊敬を受けた、南アフリカ共和国の大統領マンデラは、白人政府によって、27年間監獄生活を強いられた。彼が出獄する時、人々は、彼が弱り果てた姿で出てくるだろうと考えていた。しかし、当時彼は、70歳を過ぎていたにもかかわらず、とても健康な姿で力強く歩いて出てきたのだった。

　他の人は、5年監獄生活をしただけでも健康を害して出てくるのに、どうして、27年間、監獄生活をしても、そのように健康な状態で出てくることができたのかと、記者が尋ねた。すると彼はこのように答えた。

　「私は監獄で、神様に常に感謝をささげていました。天を見上げて感謝し、地面を見て感謝し、水を飲みながらも感謝し、食事をする時も感謝し、強制労働をする時も感謝し、常に感謝をしていたため、健康を保つことができたのです」

　その後、マンデラ氏は、ノーベル平和賞を受賞し、大統領にも当選した。感謝する人は、健康を維持することができる。感謝する人は、事業でも成功する。困難な危機も克服する。神様は、感謝する人を通して奇跡を行われるからである。

眼鏡ケースに感謝

　ある日、第32代大統領フランクリン・ルーズベルトは観衆の集まるところで大衆演説をしていた。その時、壇上にいる彼を誰かが銃で撃った。銃声が起きると、観衆は散り散りになり、撃たれたルーズベルト大統領はその場に倒れた。

　ルーズベルト大統領は、若干負傷しただけで、すぐに起きあがった。狙撃犯は、ルーズベルト大統領の心臓を正確にねらったのだが、銃弾はルーズベルト大統領がいつも持ち歩いていた鋼鉄の眼鏡ケースに当たり、跳ね返ったのだった。

　ルーズベルト大統領は、そのひやりとする状況でも、自分が面倒だと思いながら身に着けていた眼鏡ケースに感謝したという。

　このように、些細で何でもない物が私たちの命を救ったりする。小さなことに感謝する心は、私たちの人生を穏やかにする。

　感謝する魂は美しい魂であり、かぐわしい魂である。花より美しくかぐわしいものが、感謝する心である。

24

マッチ族の感謝

　アフリカ西部に住んでいるマッチ族は、「感謝します」という言葉の代わりに「私の頭が土の中にあります」と言うそうである。その理由は、彼らが他人から受けた恩に対して最高の礼儀を表す時、自分の頭が地面につくまで低く伏せるからである。だから、自分の頭が土の中に埋まってしまうくらい感謝しているということだ。
　また、彼らは感謝を全く知らない人を指して、「口をぬぐう人」と言う。恵みを受けていながらも、感謝しない人を遠回しに言う言葉であり、受けても、受けていないかのようにしらを切る人のことである。
　イギリスの文学者であったサムエル・ジョンソンは、「低俗な人には、感謝を見つけることができない」と言った。
　感謝は神様からの命令であり、人間の道理である。だから、神様の恵みに感謝しないのなら、その人は人間としての役目をまともに果たせない人なのである。

イエス様に学ぶ感謝

　イエス様が一番力を入れて伝道した町の人々が、イエス様を受け入れず、むしろ拒絶した。この時、イエス様の失望は並大抵のものではなかっただろう。そのため「ああコラジン。ああベツサイダ。おまえたちのうちで行われた力あるわざが、もしもツロとシドンで行われたのだったら、彼らはとうの昔に荒布をまとい、灰をかぶって悔い改めていたことだろう」（マタ11：21）と責められ、嘆かれたのであった。

　このように、イエス様も伝道旅行で多くの実を期待したが、実を見るどころか、あざけりと軽蔑を受けた。大きな成功を期待したものの、労苦に比べ、実はわずかなものだった。このような状況で、感謝する人がいるだろうか。ところがイエス様は感謝された。

　「天地の主であられる父よ。あなたをほめたたえます。これらのことを、賢い者や知恵のある者には隠して、幼子たちに現わしてくださいました。そうです、父よ。これがみこころにかなったことでした」

（マタ11：25〜26）

　大人たちからは拒絶されたが、子どもたちがイエス様を受け入れたことが、感謝の理由だった。そして、すべてのことが、父なる神様の思いの中で行われていることであり、あらゆる結果も神様の計画であると認められたのだ。「そうです、父よ。これがみこころにかなったことでした」と。

　私たちは時々、大きな失敗を経験して、思い通りにいかないと怒ったり、挫折したり落胆したりする。しかし、

大きな失敗の中にも、周辺のあらゆるところで起こる小さな成功を見ることができ、小さなことに感謝するなら、イエス様のように必ず再び起きあがって、大きなことを成し遂げるようになることを、イエス様の感謝から学ぶことができる。

「ありがとう」という言葉の収益率

　経営学者ピーター・ドラッガーが、リーダーシップにおいて重要な３つの要素について質問を受けた。その返答は次のようなものである。
　「１つ目、単純でありなさい。あなたがしている働きをあまり複雑にしないこと。
　２つ目、敬語を使うことと、『ありがとう』という言葉を使うことである。
　３つ目、決して誰が正しいかを問うのではなく、何が正しいかを問いなさい」
　「感謝します（ありがとう）」という一言に対する投資の収益率は、無限大である。すべてのことは、他人の助けを受けて成り立っている。人情と配慮ほど人を動かすものは多くはない。
　他人に心からの感謝を表すだけでも、多くのことが自然に成し遂げられる。

8/27

あらゆる物に感謝してみなさい

　「感謝」という言葉を言うと、自然に顔がほころび始める。笑おうと思わなくても、顔は笑ってしまう。感謝をしながら、しかめっ面でこの世をうとましく思う人はいない。私が本格的に笑いを練習した時、一番多く使った方法が感謝であった。ところが、感謝を周りの人にしようとしたところ、簡単ではなかった。そのため、話すことのできない木、空、ズボン、靴、ラーメンなどの、物に感謝をし始めた。木に感謝する心を持つと、なぜ木に感謝するのか頭の中に次々とその理由が出てくる。ズボンがなぜ感謝なのか考えてみると、笑いがこみ上げてくる。ズボンがなく、パンツだけで歩きまわると考えてみてほしい。ズボンがどれほどありがたいかが分かるだろう。対象を限定せず感謝だと思えば、万物がありがたく、好きになってくる。また、人に対する感謝も簡単になってくる。

　感謝する心は、私たちの身体の免疫力を強くする。これは、感謝と健康に関する医学的に見た結果でもある。感謝は最高のエネルギーである。

イ・ヨセフ（笑い研究所所長）

8/28

感謝で喜ぶ子どもたち

　昨年の夏、テレビで「幸福」という番組を見ていると、生徒たちに、一日感謝した3つのことを探して感謝日記を書かせていた。子どもたちは最初、何を書けばよいのか困っていたが、
　「授業中に居眠りをする私をいつも起こしてくれるジェオに感謝します」
　「水が飲みたい時、いつもコップを貸してくれるジンゴンに感謝します」
　「毎朝6時に起きて、お姉さんと私の朝食を準備してくれるお父さんに感謝します」
　など、だんだん感謝を探しながら肯定的に変わっていった。
　最近は、子どもでさえ互いの良いところを見るより、短所をからかって笑いを得ようとする傾向がある。そのため傷を受けたり、学校生活がつらくなったりしやすいのだが、感謝日記を書くようになってからは、互いに非難するより、ほめて感謝することが多くなっていった。
　子どもたちは、友だちの長所を発見して、だんだん喜んでいった。友だちがどれほど素敵な子なのか、互いがどれほど大切な存在なのかを感じられるようになったためである。

　　　　　　　　　　教師チョ・スジョンの感謝日記教育

8/29

生涯感謝すること

　栄養ドリンク剤で有名なトンア製薬のカン・シンホ会長は、生涯で一番感謝していることがある。

　彼が中学校1年の、約80年前のことである。当時はまだ、食料がとても貴重な時代であったが、彼の母がある日、一日に6食を作って食べさせてくれた。彼は、どうしたのかと思ったが、喜んでおいしく食べた。ところが、数日後に、母が病で亡くなった。

　母親は、死ぬ前に子どもにご飯を好きなだけ食べさせてあげようと、病のからだを引きずって、一日6食を作って食べさせたのであった。ところが、その時彼は、ご飯を食べながら、感謝をしなかったのである。母親が食事を作ってくれるのは当然のことだと考えていたためである。しかし葬式の時、彼は母親が準備してくれた食卓が、当然のものではなかったことを悟り、涙を流したのであった。

　彼は、自分が栄養ドリンク剤を作り、韓国経団連会長になった力は、その時母親が作ってくれた6食の食事であると言っている。

靴を履くことができることを感謝

　ある女性執事が、季節の変わり目で衣替えをしたところ、気に入る靴がなかった。それで靴を買いに出かけたが、あちこち探しても、気に入るものがなかった。
　「なんでこんなに気に入る靴がないのかしら」
　とぶつぶつ文句を言いながらソウル駅広場を通り過ぎていると、どこからか讃美歌が聞こえてきた。声がする方を見ると、車いすに乗った人がマイクを持って讃美歌を歌っていた。よく見ると、その人は両足がなかった。その時、ふとこのような考えが浮かんだ。
　「足がなくて、靴をはくこともできないあの人は讃美歌を歌っているのに、私は靴が気に入らないからと不平を言っているなんて……私って本当に情けない」
　そこで、彼女は靴を買おうと思っていたお金をその人にすべて渡し、家に帰って自分も感謝をしながら讃美歌を歌ったという。

8│31

小さな感謝で大きなことを成し遂げる

　ソンギョル教会のイ・マンシン牧師の話である。
　かなり前に、牧師が教会を開拓していた時、教会の建物はあったが、周りの囲いがなかった。ところがある日、アメリカ軍がその教会を訪問し、囲いを作ってくれた。牧師は、アメリカ軍の副隊長を訪ねて行き、感謝のあいさつをした。すると、副隊長が言った。
　「韓国人は、受けるだけで感謝を知らないと聞いていたが、あなたは違うようですね。必要な物があれば言ってください」
　その言葉を聞いた牧師は木が必要だと答え、副隊長は、アメリカから持ってきた良い木材をトラック2台分送った。牧師はその木材で教会増築はもちろん、自宅まできれいに建てることができた。
　牧師はとても感謝し、再び副隊長を訪ねて感謝の気持ちを伝えた。すると副隊長は、他に助けることはないかと尋ねた。そこで牧師は、教会の表門がだめになったので、しっかりした鉄の門があればうれしいと答えた。すると今度は副隊長が教会に兵士を送り、鉄の門を作ってアーチの飾りまで作ってあげたという。
　牧師はまた副隊長を訪ねて感謝し、副隊長がまた助けることはないかと尋ねたので、今度は、表門は大きいのに囲いが簡素すぎると言うと、教会の塀をまた作り、ペイントも塗って、教会をきれいにしてくれた。牧師はまた副隊長を訪ねた。副隊長は他に必要な物がないかと聞き、牧師は必要な物はなく、ただ副隊長の恩があまりにもありがたいので、一緒に感謝礼拝をささげ

てほしいと勧めた。

　牧師は、英語はよくできなかったが、心をこめて準備した説教をし、副隊長に感謝状と贈り物を渡した。すると、礼拝を終えて副隊長が、「すばらしい礼拝」とほめた。そして、礼拝は良かったけれど、とても寒くて大変だったと言い、暖炉を送ってくれた。牧師はそのことに対しても感謝をし、副隊長はボーナスとして灯油まで送ってくれた。

　実に、小さな感謝が大きなものをもたらした例である。

September 9|1

恵みを覚えよう

　1923年9月1日、関東大震災が起こった。その地震で19万人以上が死亡あるいは行方不明となり、190万人の被災者が出た。

　そこでアメリカは、日本のためにどの国よりも早く救護隊を派遣し、食料と服、そして救急薬品を空輸して被災者を助けた。それだけでなく、その後も半年間続けて150隻分の日用品を援助し続けたのである。

　天皇はこのことについて感謝を表し、クーリッジ大統領に「日本国民は、アメリカの恵みに心から感謝しています。このご恩は永遠に忘れることはできません」という内容の自筆の手紙を送った。

　しかし、それから20年も経たないうちに、日本はアメリカのハワイ真珠湾を攻撃してしまった。

　人間とは、誰しも受けた恵みを忘れてしまう危険性を持っているのである。

9.2 たばこを吸う主人たち

　ベランダや、アパートの通路でたばこを吸って家に入る主人たちは、「それでも家族のために家の中では吸わないから家族は安全だ」と思っている。しかし、どこでたばこを吸おうと、家族が受ける受動喫煙の被害は、あまり違いがないという研究結果が出た。

　ハリム大聖心病院の家庭医学科のペク・ユジン教授のチームは、最近、妊娠35週目の非喫煙妊婦896人を対象に、髪の毛のニコチン検査と配偶者の喫煙形態についての設問調査を行った。その結果、配偶者が喫煙をしない妊婦（416人）の毛髪には、ニコチンが0.33ng（ナノグラム：1ngは10億分の1g）が検出された反面、家の中で喫煙した場合（245人）は0.58ng、家の外で喫煙した場合（235人）は0.51ngが検出された。つまり、配偶者がどこで喫煙しようと、妊婦に与える影響はあまり変わらないという結論である。

　たばこの毒性粒子は、皮膚、毛髪、服、カーペットまたは喫煙者の車両内部にくっつき、においや接触を通して第三者に伝わる。いわゆる三次喫煙である。

　従って、夫が家の外で喫煙して帰ってきても、皮膚や服などについている毒性物質が妻に伝わり、体内に吸収される。そして妊婦がニコチンを取り入れると、胎盤血管が収縮し、胎児に必要な酸素供給を妨げるのである。

　ペク教授は、「配偶者が非喫煙者である場合にも、産婦の髪の毛から微量のニコチンが検出された」と語る。つまり道で、たばこを吸う人の側を通り過ぎるだけでも三次喫煙の被害を受ける可能性があることを指摘している。

　今日は、たばこを吸わない夫に、妻に感謝をしよう。

小さな感謝の中に奇跡が隠れている

　ヘンリー・フォードが自動車王として名声を響かせていたころ、ジョージア州の、ある田舎の学校の、マーサ・ベリーという女性の先生から、一通の手紙を受け取った。

　手紙の内容は、子どもたちのために学校にピアノを一台購入したいのだが、千ドルを寄付してくれないかというものだった。フォードは、いつものような儀礼的な手紙だと思い、大したことはないと思って10セントを封筒に入れて送った。

　しかし、ヘンリー・フォードから10セントを受け取った先生は落胆しなかった。

　「千ドルではないが、この10セントで何か意味のあることができるはずだ」

　10セントを無駄にしたくなかった先生は、一晩悩んだ。次の日、彼女はこの10セントを持って店に行き、ピーナッツの種を買った。そして、生徒たちとピーナッツ作りを始めたのだ。先生は生徒と一緒に汗を流しながら、ピーナッツ畑を心込めて耕し、よく実ったピーナッツを収穫して感謝の手紙と一緒にヘンリー・フォードに送った。

　きれいに包装されたピーナッツの入った箱を受け取ったフォードは大変感動し、その学校に1万ドルを寄付した。千ドルの1万分の1である10セントをもらっても不平一つ言わず、感謝した先生の心が、10セントの10万倍である1万ドルという収穫をもたらしたのだ。

9-4

未完成に感謝せよ

感謝は、手の中にあるものによってではなく、
心の中にあるものによって発生する。
完成が遅れるほど
達成感は熟成し
その味は奥深い。
ゆっくりとした人生、未完成を幸いと思い
未完成に感謝せよ。
神様は、後の者を先にされる。

感謝が最高の「抗がん剤」

　感謝する心は、私たちの体の免疫体系を強くする。それで、感謝を別名「感謝薬」とも呼ぶ。
　１分間笑うと、24時間分の免疫力が生じ、１分間怒ると、６時間分の免疫力が減るそうだ。また、感謝の言葉を言うと、実際に心臓の拍動が規則的になり、波長が均衡になるため、心臓にも良いという。また、免疫機能を向上させ、神経系機能を円滑にし、ホルモンの均衡をもたらすそうである。
　ある末期がん患者は、「感謝薬」のおかげで死の淵から逃れることができた。
　この人は末期胃がんと宣告された後、手術を受けたが、体の状態がさらに悪くなり、回復の可能性が全くなかった。医師は彼に、数日しかもたないだろうから心の準備をするようにと言った。
　しかし彼は、全く不平を言わず、感謝の心でありのままの状態を受け入れ、常に「すべてに感謝します。助かっても死んでも感謝します。無条件に感謝します」と叫んだ。すると、奇跡のようなことが起きた。彼は、医師が言った数日を無事に乗り切ったのはもちろんのこと、７年過ぎた今でも健康に生きている。胃がんから解放されたのである。

10の幸せ実践法

1. 毎晩、その日の感謝を3つ日記帳に書く
2. 新聞から、感謝できるニュースを探し、スクラップする
3. 普段感謝の気持ちを表すことのできない人に感謝のメールを送る
4. 自分に一日1回ごほうびをあげる
5. 一日1回、鏡を見て大きく声を出して笑う
6. 一日1回、他人に親切なことをする
7. 誰にも知られず良いことをする
8. 会話をしなかったご近所に声をかける
9. 親しい友人や配偶者と、1週間に1回、ゆっくりと対話をする
10. 連絡を取ってない友人に電話をかけて会う

　肯定心理学の創始者、アメリカのマーティン・セリグマンが実験した内容

クリソストムの感謝の話

　「黄金の口」という別名を持つ偉大な説教者、クリソストムは、感謝についてこのように語っている。
　「感謝することを惜しまない人は、祝福の鍵を手に握っている。
　すべての食べ物に塩気があってこそおいしいように、すべての口に感謝があれば、うまくいく。
　どんなに所有しても感謝することができない人は、その人が自己中心だからである。
　困難と悲しみの中で神様に感謝せよ。
　そうすれば、神様はそれを祝福に変えてくださる」

98 平穏に暮らしていることに感謝

　あるアメリカ人家族の話である。父親と息子は、それぞれ牧師として違う教会に仕えていた。ある日曜日、礼拝を終えた後、息子がいつもよりも遅い時間に帰宅し、興奮した面持ちで父親にこう言った。
　「お父さん、神様の恵みは本当に驚くほどです。私が帰る途中、車の事故に遭ったのですが、急いで車を避けようとしたら、車がすべって丘の下に転がり落ちていったのです。ところがその瞬間、神様は私がハンドルをしっかり握っていられるよう守ってくださいました。私は少しもけがをせず、車もたいして傷を受けませんでした。神様の恵みがどれほど感謝なことか分かりません」
　その言葉を聞いていた父親はこう言った。
　「本当に感謝なことだ。しかし、よくよく考えてみると、私はお前よりもっと感謝だな。私は礼拝を終えて無事に家に帰ってきたのだから、事故に遭ったお前が感謝するなら、無事に家に着いた私は神様にもっと感謝をささげなければならないなあ」

ある老人の図書寄贈

　ある大学の図書館に、図書を寄贈した老人がいた。ところがこの老人が寄贈した本は、保管状態があまり良くない、古い本であった。図書館司書は背を向けている老人に、大きな声で不平を言った。
　「本を寄贈するなら、もう少し良い本を寄贈すればいいのに……」
　しかし、ちょうどその前を通り過ぎた図書館館長が、司書の言葉を聞いて、
　「こら。人の好意に感謝ができないどころか、そのように不快な応対をしては駄目じゃないか。すぐに謝りなさい」と言った。
　司書は自分の過ちを反省し、老人に謝った。すると、その老人はこのように言った。
　「あなたたちは実に立派な人だ。実は、本当に良い本は、家に別に保管しています。ひどく古い本を受け取ったあなたたちがどんな反応をするか気になったのです。生涯集めた本がとても貴重なものなので、図書館がどんなところか知るために試したのです。これで安心して私が大事にしている本を寄贈することができます」

10

私の人生の感謝ベスト 10

1. イエス様を受け入れ、救いを受けたこと。
2. 愛する妻に出会い、結婚して一生を共にできること。
3. 愛らしい娘と息子を与えられたこと。
4. 牧師按手を受けたこと。
5. 南ソウル教会の、ホン・ジョンギル牧師のもとで学べたこと。
6. リンカーンの本がベストセラーになり、韓国ワードオブライフ社の 50 周年の本に選ばれたこと。
7. いろいろな教会に招待され、説教できること。
8. アメリカに住んで、いろいろな経験を積めたこと。
9. あらゆることを分かち合える大切な友人が与えられたこと。
10. ブッカン山に書斎、「感謝書房」が与えられたこと。

わずかな収益にも感謝せよ

　私たちは何度も、コンビニやスーパー、レストランなどに行く。そこで働いている人が1時間で得る賃金は、普通4000〜5000ウォン（約400〜500円）あまりである（訳注：2013年当時の韓国）。お客様に「いらっしゃいませ」「お気をつけて」「ありがとうございました」とあいさつをし、床を磨き、片付けもし、荷物を下ろしたりもしなければならない。

　最近、息子が食堂でアルバイトを始めたのだが、一日中料理を運んで得る収入は、時給5000ウォン（約500円）程度である。夕方帰ってくる時は、くたくたになっている。

　工事現場で働く人も、汗を流しながら働いて得る日給が5〜6万ウォン（約5000〜6000円）程度である。

　私たちが日常生活をしながら、小さなこと一つにも感謝の心を持つのなら、毎日変わらない心で感謝をしながら生きることができるだろうし、わずかな収入にも感謝する者となるだろう。同じ雨を見上げても、否定的な人は「今日は道がぬかるんでいるだろうな」と不平を言うが、肯定的な人は「今日はほこりが立たなくていいな」と感謝をする。

唯一なる感謝の対象

　ある人が作曲家ハイドンに尋ねた。
「あなたは、あのすばらしい曲のインスピレーションをどこから得るのですか」
「私は祈るたびに、インスピレーションを下さる神様に感謝をささげます。神様が私に知恵を下さり、美しい音楽を作曲させてくださると、私は『この曲を神様におささげします』という祈りをささげます」
　彼の曲「天地創造」が、ウィーンで公演された日のことである。その時ハイドンは体調が悪く、ホールの後ろの方に座っていた。演奏が終わると、大勢の聴衆が熱狂的に総立ちになって拍手をした。すると、指揮者は、聴衆の拍手をとどめて、後ろに座っているハイドンを指差した。
「皆さん。拍手を受ける人は私ではありません。あの方が、このようにすばらしく美しい曲を作られたのです」
　すると、ハイドンは言った。
「私はたいしたものではありません。すべて神様がなされたことです。神様が私に知恵を下さいました。この方のみに感謝をささげなければなりません。賛美を受ける、唯一なるお方は神様です」

感謝も習慣である

　あなたがパートナーに感謝すればするほど、感謝することをさらに多く発見するようになる。

　関係が良い時、パートナーにたくさん感謝し、それを蓄えておけば、困難な時期が来た時、大きな助けとなる。感謝をたくさんしたからといって、大変な時が来ないというわけではない。

　しかし感謝は、そのような大変な時期を、大きな傷や損失を受けずに乗り越えさせ、かえって関係を豊かで密接なものにしてくれる。

　『感謝するということ』（ノエル・C・ネルソン）より

　地面も雨が降らずにいれば干からびて、ひび割れてくる。

　人との関係も、感謝をしなければ、簡単にひびが入り、干からびていく。

　感謝も積み重なる。感謝すればするほど、さらに多く、さらに高く積み重なっていく。

　とても小さなことから感謝を表すなら、より大きな感謝をすることができるようになる。感謝も習慣である。

8つの感謝

　朝鮮王朝第11代国王チュンジョンの名臣、キム・ジョングク（1485-1541）は、34歳の時、政変によって多くの学識ある人たちが殺される中、官職から外され、都落ちし、故郷にあずまやを建てた。そして自らを八つのことが備わってさえいれば、いつでも感謝できるという意味の「8つの感謝隠居」と別名をつけた。俸禄も与えられない彼がなぜ八つの感謝があるという意味が分からず、不思議に思った親しい友人が彼に尋ねた。すると、キム・ジョングクは、笑いながらこのように答えた。

　「サトイモの汁物と麦飯を十分に食べ、
　温かいオンドルで十分に眠り、
　澄んだ水を十分に飲み、
　本棚いっぱいにある本を十分読み、
　春の花と秋の月の光を十分に観賞し、
　鳥とそよ風の音を十分に聞き、
　雪の中に咲く梅の花と、
　霜の中にある菊の花の香りを十分にかぎ、
　最後に、この7つを十分に楽しむことができるため『8つの感謝』と言えよう」

9 | 15

具体的な感謝

　今日は、感謝することをもう少し具体的に探してみよう。そして、一つ一つそれを喜び楽しんで、感謝してみよう。

　洗濯機を下さり感謝します。
　冷蔵庫を下さり感謝します。
　静かな書斎を下さり感謝します。
　本を下さり感謝します。
　テレビを下さり感謝します。
　携帯電話を下さり感謝します。
　車を下さり感謝します。
　パソコンを下さり感謝します。
　自転車を下さり感謝します。
　日ごとの糧を下さり感謝します。
　愛する妻を下さり感謝します。
　愛する夫を下さり感謝します。
　愛する子どもを下さり感謝します。
　良い教会に通うことができるようにしてくださり感謝します。

9/16

登山の感謝

　私が住んでいたアメリカのシカゴは、高層ビルと公園が多く、ミシガン湖もあり、屈指の美しい都市だった。しかし残念なことに周辺に山がなかった。シカゴには、子どもたちが遊べる丘ほどの山も見つけることができない。

　韓国に戻ってきて、目を上げれば四方に山が見える。私が住んでいる地域からは、ブッカン山が見え、その上、私の仕事場である「感謝書房」は、ブッカン山の絶景が一目で見渡せるところで、山の威厳の前にただ感嘆しつつ過ごしている。

　少し前、妻と一緒にブッカン山に登った。さわやかな空気に土のいい香り、松の葉の間から吹くそよ風が、額や胸をなで、久し振りに流した汗をぬぐってくれた。頂上にしばらくいたが、山は私に風の音を通して、こう語っているようだった。

　「もっと遠くを見て人生を生きなさい。目の前だけを見てはいけない。それに頂上は、長くとどまれる場所ではない。下に下りていく人生を学びなさい」

　山が私に教えてくれた感謝のプレゼントだった。私は山の上で、それまでこの世の中でたまった体の老廃物をきれいに洗い流し、澄んだ新鮮な空気をいっぱい満たして山を下りた。

9/17

感謝は表現である

　感謝は表現しなければならず、行動に表さなければならない。感謝は悟る人のものである。そのため神様は、私たちの人生において、あらゆることに感謝する人を望まれる。

　自分がどれほど大きな罪から赦(ゆる)されたのかを悟るなら、感謝できないはずはない。すでに受けた恵みだけを数えたとしても、神様と周りの人に感謝を表さずにはいられない。

　そうであるなら、私たちはその恵みをどれほど感謝しつつ生きているだろうか。実りの季節であるこの秋に、与えられている恵みを表現し、豊かな感謝の実を結ぶことを願う。

9｜18

いちじくの木は花を咲かせなくても

　ハバククの感謝から私たちが学べることは、何もない中でささげる感謝である。
　「そのとき、いちじくの木は花を咲かせず、ぶどうの木は実をみのらせず、オリーブの木も実りがなく、畑は食物を出さない。羊は囲いから絶え、牛は牛舎にいなくなる」（ハバクク３：17）
　彼は、いちじくもぶどうもオリーブも実を結ばず、畑の食物もなく、囲いに羊もおらず、牛舎には牛がいないという自分の状況を語っている。しかし、このような絶望的な状況で、彼はどうしただろうか。
　彼は、さびしい心や不平、恨み、疑いをすべて追い出し、感謝と賛美をささげた。そして、このようなひどい状況で涙の告白をする。

　「しかし、私は主にあって喜び勇み、私の救いの神にあって喜ぼう」（ハバクク３：18）

さらに良い服を着させてくださる神様

　パク課長は、20年以上勤めた会社からリストラされてしまった。彼は、職場を辞めて、新聞にこのような文章を投稿した。
　「長い旅行の終着駅で降り、これからは本当に一人立ちしなければならないという重荷に恐れが先立つ。しかしこの厳冬期に、神様が服を取られる時は、もっと良い服を着させてくださるための計画を持っておられるという確かな信仰がある。
　たとえ、一寸先も見えない真っ暗な状況だとしても、昨晩、妻と2人の子どもたちに会社の状況を話し、家族皆でひざをついて、今まで導いてくださり、これからも導いてくださる神様に、熱い感謝の祈りをささげた。
　私が生きてきた過ぎ去った歳月もすべて神様が養ってくださり、恵みを注いでくださったため、これからの私の人生も守ってくださると信じ、神様の恵みに感謝せずにはいられない」

9/20

10点の感謝

　教会の執事の家庭を訪問した時に受けた恵みである。
　執事の息子ミョンギュは小学5年生だが、認識力は7〜8歳程度である。そのため、今までいくつもの病院に通い、検査や治療を受けたが、そのたびに医師から絶望的な話ばかりされたという。
　学校でテストを受けても、成績表に点数がなかった。テストの時間にミョンギュは、外に出て遊んでしまうからだ。
　ところが最近、良い医師に出会い、少しずつ良くなっているという。何と学校のテストで点数がとれるようになったというのである。執事は、ミョンギュの成績表に、10点、30点という点数が記録されているということ自体がとてもうれしく、感謝であると言った。
　一般的には子どもを叱るような点数であるが、執事は、その点数を見ながら大いに喜んだ。
　感謝の原点とは、このようなものではないだろうか。成績表に点数が記録されていることだけでも感謝し始めるなら、私たちはどれほど多くの感謝をすることができるだろうか。
　子どもたちが健康なだけでも感謝することができ、友人と仲良くつきあっているということだけでも感謝することができ、学校にきちんと通っているということだけでも感謝することができる。内申書が悪く、センター試験の点数も悪く、通知表も非常に悪く、家ではゲームばかりしている……
　それでも私たちの価値基準を見直せば、感謝できる理由は十倍、百倍は多くなるのではないだろうか。

日常の感謝

朝起きれば、出勤する職場があり、
職場に行けば、すべき仕事があり、
人に会えば、分かち合える対話があり、
一日の仕事を終えれば、帰る家庭があり、
夕食を終えれば、一緒にテレビを見る家族があり、
すべての日課を終えれば、気持ちよく眠れる暖かい家があり、
神様が私たちの家庭の主人であるなら、
これ以上何が感謝の理由となるだろうか。

9/22

片方の目をくり抜いてください

　同じ教会に通う２人が、互いに憎み合うのを見た天使が、２人にこのような提案をした。
　「自分が手に入れたいものについて祈るなら、相手がその２倍を受けるようになるだろう」
　天使は、きっと彼らは嫌っている人がうまくいくよう２倍の感謝をするだろうと考えた。
　一人が「１億ウォン下さい」と祈ると、もう一人が２億ウォンを手に入れた。ところが、相手が自分より２倍も多くお金を得ると嫉妬して、今度は「天使様。100ウォンだけでいいです」と祈ると、もう一人が200ウォンを得た。すると、もう一人の人が、信じられないことに「天使様。私の片方の目をくり抜いてください」と言った。
　ルターは、「悪魔の世界には、感謝がない」と言った。また、クリソストムは「罪の中の罪は、感謝できないことだ」と言った。相手を建て上げるなら、自分もうまくいくという尊い真理を心に刻まなければならない。

自分はどっちの人だろうか

　２人が一緒に伝道旅行に旅立ち、神様が導かれるまま、熱心に福音を伝えた。
　ある日、彼らは砂漠を横断していたが、行けども行けども果てしない砂漠が広がっていた。飲料水も食料もすべて底をつき、らくだすら倒れ、もう望みはなかった。とうとう２人は死を覚悟し、それぞれ最後の祈りをささげた。
　「神様。私があれほど一生懸命福音を伝えたのに、このように渇いて死なせるのですか？」
　「神様。ここでもう私の役目を終えさせて、私のために準備されている天に導いてくださり感謝します」
　ところが、２人が祈りを終えるなり、奇跡が起こった。近くにあるオアシスが目に入ってきたのである。最後の力をふりしぼってオアシスにたどり着くと、２人がやっとのどを潤す程度の水があった。
　「どうせ下さるなら、もっと多く下さればいいのに。これは何だ」
　「神様。この水で渇いたのどを潤し、いのちを少し延ばしてくださって感謝します」

9/24

泥の中に隠されている宝石

　アメリカ人のハンクスは、鉱山で働いていて、両手と両目を一度に失ってしまった。彼はとても絶望し、自殺しようとした。その頃、イェール大学の有名な教授がある集会で説教をするという知らせを聞き、その集会に参加した。

　彼はそこで「人それぞれ神様から受ける使命がある」という言葉を聞き、その教授に会って「私のように手も目もない人間に、どんな使命があるというのですか」とくってかかった。すると教授が「あなたにはまだ、口と耳と足があるではないですか。目と手はないけれど、今あるものを持って神様の栄光を表すことができます」と言われた。

　その言葉を聞いたハンクスは希望の光を見いだし、すぐにイエス様を受け入れた。そして神様に、口と耳、足を残してくださったことに感謝し、スタンフォード大学に入学した。そこで彼は、最善を尽くして学び、卒業した後、人々に感動を与える名講師となった。

　マシュー・ヘンリー牧師は、「感謝する人は、泥の中で生きてもそれを恵みと思う。その理由は、宝石は泥の中でも宝石だからである」と言った。

私は幸せな人だ

感謝と幸せは一つのからだであり、一つの根である。
感謝する心に幸せが宿り、
その幸せの中に、さらに大きな感謝が育つ。
現実はたとえつらく困難であっても、
感謝する心で今日を生きているので、私は本当に幸せな人である。
神様に感謝しつつ生きる人生こそ、
良い人生の出発点に立つことだからである。

9/26

献金と大佐昇格

　ある教会に、誠実な執事がいた。夫は職業軍人であったが、昇格できなければ、自ら軍服を脱がなければならない状況に置かれていた。彼女は、教会のとりなし祈り会のたびに、牧師に夫の昇格のために祈ってくれるよう頼んだ。またある時から、献金の金額を増やして献金するようになった。ある日牧師が彼女に尋ねた。
　「ご主人は昇格されたのですか」
　「いいえ。まだ昇格はしていませんが、できると信じ、その月給で献金をしているのです」
　この言葉を聞いた牧師は、彼女の信仰に感服しながらも、一方で心配になり「神様。彼女の信仰の通りになりますように。もし昇格できなくても、彼女が傷つかないようにしてください」と祈った。
　しばらくして彼女が、「牧師先生。夫が昇格しました」と喜びながら、牧師ととりなし祈りチームのメンバーに報告したそうである。もちろん神様に感謝献金をささげたことは言うまでもない。このように神様は、信仰を持って先に感謝する祈りを喜ばれる。

父の秘密の引き出し

　ある十代の少年が友人に、父親の秘密の引き出しを開けてみたら、その中にいやらしいビデオや成人雑誌を見つけ、自分も見てみたと自慢げに話した。

　友人の話を聞いた少年は、家に帰り、自分の父の引き出しには何が入っているのか開けてみた。そこには父の「感謝日記」があった。

　日記には、毎日の感謝項目と祈りの題目がびっしりと記録されていたが、祈りの題目の中には、自分の名前が一日も欠かさず書かれていることに気づいた。

　息子は「お父さんの心の中にはいつも感謝があり、僕がいるんだな」と、熱く感動したのであった。

9/28 マッカーサーの感謝

　朝鮮戦争で、北朝鮮軍に占領されていた首都ソウルを、国際連合軍総司令官マッカーサー将軍の優れた作戦により、1950年、9月28日に奪還した。またマッカーサー将軍は、9月29日、イ・スンマン大統領に、ソウルを取り戻したことを祝うメッセージを送ったが、その内容の一部は次のようである。
　「神様の恵みによって、人類の最大の希望と霊感の象徴である国際連合旗の下で戦う我々の軍隊は、韓国の古都を解放させました。私は神様の恵みにより、大統領と貴国の政府当局者が、慈善と正義の精神によって、あらゆる混乱に対処する英知の力を得ると同時に、韓国人が過去の労苦から抜け出し、新しい希望に満ちた夜明けを迎えることを願ってやみません。私たちに今回の決定的な勝利を下さった神様の前に、謙遜で敬虔な感謝の祈りをささげましょう。天におられる我らの父よ。御名があがめられますように……国と力と栄えとはとこしえになんじのものなればなり。アーメン」
　勝利の栄誉を神様にささげ、「主の祈り」で終わったメッセージ。これは、まことの感謝の祈りであると言えるのではないだろうか。

羊飼いのみすぼらしい服一着

　ある王が、華やかな宮殿に一部屋を準備し、誰にも近寄らせなかった。時々王はその部屋に入り、しばらくして出てくるのであった。ある日、臣下が偶然その部屋をのぞいてしまった。その部屋には、ただ羊飼いのみすぼらしい服が一着かけられてあった。
　この話は、ダビデの人生をほのめかしているようである。ダビデは、王の人生を歩みながらも、過去に羊飼いであった自分の本来の姿を忘れず、神様の前に自分を低くした。
　「神様が注いでくださるこのすべての恵みをどうやってお返ししようか」

　ダビデは、神様が自分に出会ってくださった場所が広野であり、荒野であったことを生涯忘れなかった。羊飼いであった頃、みすぼらしい服を着て広野をさまよっていた自分を覚え、貧しい心を維持し、自分の心を感謝で満たすことができた。
　貧しい心を持つ人だけが、感謝することができる。神様の十字架の前にひざまずく人だけが神の声を聞くことができ、感激の感謝をささげることができるのである。

9/30

職場で感謝

　シカゴにいた時、時々、家族と一緒に博物館や美術館に行った。特に、教科書では見ることのできないピカソ、レオナルド・ダ・ヴィンチ、ミケランジェロ、ゴッホ、ゴーギャン、モネ、ミレーなど、世界的に有名な画家の作品を自分の目で直接見た時の衝撃は、本当に大きかった。多くの名画の中でも、私の目を引いた作品は、やはりミレーの「晩鐘」だった。

　ミレーは、農村の風景と働く農民だけを好んで描いた画家であるが、そのすべての作品の中には、いつも労働と信仰が良い調和をなし、謙遜と敬虔、感謝と愛がにじみ出ていて、静かな感動を感じさせる。

　夜の礼拝の始まりを知らせる教会の静かな鐘の音が小さな村に鳴り響くと、農作業を終えた若い夫婦は静かにこうべを垂れて祈りをささげる。

　「神様。今日も一日神様のために汗を流し、働くことができるように助けてくださったことを心から感謝します！」

　彼らが一日の日課を終え、敬虔に頭を下げて祈っている場面を思い浮かべると、仕事場や生活の現場で心から感謝する者の姿とは、このようなものだろうと考える。

October 10 | 1

感謝すると健康になる

　私たちのからだには、内臓を支配している自律神経がある。自律神経は、交感神経と副交感神経に区分されているが、交感神経は、おもに不安、恐怖、あせり、ねたみ、嫉妬、驚き、怒り、欲、憎む心がある時、強く作用する。
　そのため、交感神経が作用すると、その影響で心臓の鼓動が速くなり、消化不良になるなど内臓に病を招く。罪を犯した時、不安になり、どきどきして手が震えるのも、まさにこの交感神経が作用する結果である。
　これに反して、副交感神経を活性化させると健康になる。感謝する心、喜ぶ心、美しい心、愛する心、奉仕する心、ありがたく思う心、謙遜な心、他人を尊ぶ心が副交感神経を刺激するものである。この副交感神経が刺激されてこそ肉体が健康になる。
　だから、すべてのことに感謝する心は、この副交感神経を刺激し、健康な人生を歩む助けとなるのである。

10|2

感謝のかごを満たしなさい

　ある日、神様が2人の天使を呼んだ。そして、かごを一つずつ渡しながら、地上に下りて「あるもの」を入れてくるよう任務を与えた。

　しばらくして、一人の天使が上ってきた。そのかごには、人間が神様に何かを要求する祈りがいっぱい入っていて、かごが破けるほどであった。かごの外にこぼれ落ちた祈りを拾い集めるために天使は汗を流し、そのかごの重さのために天使が腰痛になったほどである。そのかごは「願いのかご」であった。

　一方、もう一人の天使は、どんなに待っても戻ってこなかった。神様は早く上ってくるよう呼ばれたが、天使はそれほど長い間探し回ったにもかかわらず、かごは空であった。そのかごは「感謝のかご」であった。

　天国の天使は3つの部署で働いているという。一つ目の部署である「祈り受付部」の天使は、休む間もなく忙しく、次の部署である「祈りの答え部」の天使たちもとても忙しく、最後の部署の天使は暇を持て余しているという。その部署は、残念なことに「答えられた祈りに対する感謝の祈り受付部」だという。

感謝の力

　中国で長い間宣教の働きをしていたヘンリー・プロストというアメリカ人宣教師がいた。彼は、宣教の働きの中でつらかった瞬間をこのように告白している。
　「長い間、中国で宣教していたある日、故郷から悲しい知らせが届いた。私の魂に黒い影がかかり、いくら祈っても暗闇の影は消えなかった」
　ところが、ある日宣教本部に寄ったところ、本部の壁に書かれていた「感謝してみなさい」という文字が心に留まったという。彼はこのように証ししている。
　「その時から、神様に感謝をささげ始めた。すると、暗闇は退き、私の魂に光が差し始めたのである」
　感謝は悪魔を追い出し、私たちの人生の暗闇を消し、光を照らす大きな原動力となる。感謝は、神様を私たちの人生の中にお迎えする通路である。感謝は、敗北の人生を勝利の人生へと変えるのである。

10.4 一番良い日はまだ来ていない

　2007年の夏、南カリフォルニアを覆った大きな山火事で、数十万エイカーの土地が焼け、2000軒を超える住宅が全焼した。しかし、ランチョ・ベルナルドのある教会では、火災で家を失った人が60名ほど集まり、互いに慰め合い、礼拝をささげていた。一人の記者が、この礼拝を見守りながら言った。

　「彼らはひどい被害に遭いながら、感謝をささげている。いのちが助かり、家族や友情も失わなかったと言って」

　山火事被害に遭った住民の中で、家から少しでも持ち出すことのできた人は一人だけであった。彼女は、アルバム3つと父親の時計を持って出てきた。さらに日曜日の礼拝前に、焼けた灰の中から、夫からもらった時計を探し出した。その時計には、このようなメッセージが刻まれていた。

　「月日と共に一緒に年老いていこう。一番良い日はまだ来ていない」

　「この言葉がすべてを物語っていませんか」と言いながら、その女性は考えにふけった。

　「私たちには感謝することがたくさんあります」

恵み深い教会生活

　あるクリスチャンの告白である。
　日曜日の礼拝の日、家族が皆一つの教会で用いられていることを思う時、限りない感謝をささげます。
　あらゆる面で足りない私たち家族が、礼拝の奉仕をさせてもらえることに感謝します。夫は聖歌隊の指揮者として、娘は奏楽者として、私は聖歌隊のメンバーとして、同じところで奉仕できるとはどれほど幸せなことでしょう。
　未信者の家庭で迫害されて育った私は、いつもクリスチャンホームがうらやましく、夢を描いていましたが、願っていた信仰の家庭を築くことができて感謝します。
　聖歌隊のメンバーとして座っている私は、指揮をしている夫と奏楽をしている娘の姿を見るたびに誇らしく、幸せにひたり、あふれるばかりの感激に自然に涙がこぼれます。イエス様の前に出るとすべての罪は赦され、心に喜びがあふれることを感謝します。賛美をするたびに、喜びと幸せが泉のように湧きあがってきます。
　神様。私の家庭が、日曜日を待ち望む家庭、生涯賛美が絶えることのない感謝の家庭、どこに行っても何をしても、キリストの香りを伝える伝道者の家庭となることを祈ります。

10|6

カリンの香りがほのかに香る秋

　神様。秋の季節に高い空を与えてくださり、下を向いて一日一日を急ぎ足で生きていた歩みを止め、高いところを見上げさせてくださったことを感謝します。澄んだ空を見るたびに、心のきよい人になるようにと言われる神様の声が聞こえるようでした。

　神様。秋の季節に、澄んだ空気の下で稲穂が乾き、精穀されるように、じめじめした心を神様の前に置き、暖かい日の光で乾かされ、澄んだ魂になるようにしてくださいました。

　神様。秋の季節に枝の先にぶら下がっている柿が赤く熟すように、私たちの心の中で、神様に対する心が美しい光で一粒一粒熟していくようにしてください。

　黄色く熟したカリンのほのかな香りが、垣根を超えて周りに良い香りを漂わせるように、キリストの香りを放つ者とさせてください。

10/7

まことの感謝

　昔、ある村に心根の良い農夫がいた。ある年、その農夫はよく育って足の太さほどもある大根を収穫できた。
　そこで、農業がうまくいったのは、領主が村をよく治めてくれているおかげだと、その大根をきれいに洗って領主のところに持っていった。領主はとても喜び、家来を呼んで、最近手に入れた物の中で一番良い物は何かと尋ねた。すると家来は、大きな牡牛一頭が最近入ってきましたと答えた。それを聞いた領主は、その牡牛を農夫にあげるように言った。
　このうわさは村中に広がった。その村に心根の悪い農夫がいた。彼は、「大根1本ささげて牡牛1頭をもらったのだから、牡牛1頭をささげたら、土地を何百坪かもらえるのではないだろうか」と考えた。そこで彼は、自分の家で育てた牡牛を引いて領主を訪ねた。
　「領主様。私は長い間家で牡牛を育てていましたが、このように大きく良い牡牛は初めてです。これもすべて領主様が村をよく治めてくれているおかげです。この牡牛をおささげしようと持ってまいりました」
　それを聞いた領主は、農夫の心根が良いと称賛した後、家来を呼んで、最近手に入れた物の中で一番良い物は何かと尋ねた。すると家来は、何日か前に手に入れた、大きく形の良い大根がありますと答えた。領主は、その大根をその農夫に持ってくるよう命じた。心根の悪い農夫はショックを受けたが、どうすることもできなかった。結局農夫は、大根1本を持って家に帰った。
　まことの感謝は、代価を求めない。心からわき出てくる感謝が、まことの感謝である。

10|8

苦難は黄金の卵を身ごもる時である

　アメリカの有名な伝道者である、ジョン・ハガルは、成功した牧会者として多くの人の尊敬と愛を受けていたが、牧会をしている中、1950年に突然息子が脳性マヒにかかって倒れてしまった。彼は、息子が脳性マヒで寝ていることを神様ののろいとは考えず、落胆したり挫折感を覚えたりもしなかった。むしろ彼は、神様にもっと祈り、頼るようになった。

　「神様。息子の病をかえって感謝します。息子を通して神様は私を謙遜にし、他人の問題のために労苦する心を与え、息子のように病にかかっている隣人のために愛を注いで福音を伝えることができる道を開いてくださり感謝します」

　後に彼は、神様にさらに大きく用いられるようになり、世界的な伝道者となった。

　苦難と逆境は、神様にさらに頼るように導き、鍛練された後で純金のように尊く用いられるようになる道である。だから私たちは、苦難と逆境の時にさらに神様に頼り、感謝しなければならないのである。

小さなことを大切に思う心

　説教王と言われたスポルジョン牧師は、生前、感謝の祈りをいつもささげていたそうだ。
　「ろうそくの火を見て感謝する人に、神様は電灯の明かりを下さり、
　電灯の明かりを感謝する人に、月明かりを下さり、
　月明かりを感謝する人に、日光を下さり、
　日光を感謝する人に、永遠に消えることのない天国の栄光を照らしてくださる」
　小さなことに感謝する人に、さらに大きなものを下さる神様。神様は、小さなことを大切に思い、感謝する人を喜ばれる。そしてそのような謙遜な心を備えた人を、さらに良いもので満たしてくださる。そのため、聖書には小さなことに忠実な人に、大きなことを任せてくださると記されている。
　もちろん私たちは、小さなことに感謝し、小さなことに忠実であり、小さなことを大切にすべきだということをよく知っている。ただ実践できないだけなのだ。

私の感謝

ブッカン山のふもとにある書斎
「感謝書房」に閉じ込もり
つたない文章を書く
感謝の木と名付けた、けやきの下の岩に腰かけ
空と太陽を眺め
カササギを友とし
静かな小道を散歩することができるだけで
私は十分に幸せだ。

これだけでも
私は神様に
毎日感謝することができる。

悲しい時でも感謝せよ

　イエス様は、ラザロの墓の前で感謝した。イエス様は、ラザロが死んで4日たってから墓に到着した。すでにラザロの墓には死臭が漂っていた。イエス様は、ラザロの死を悼んで、悲しみの涙を流した。

　そこにいた人にとって、死はすべてのことが終わってしまったという絶望を意味した。墓をふさいでいる石は、生きている者と死んだ者とを分ける垣根であり、絶対に渡ることのできない永遠の橋を意味していた。

　悲しみと悼みがあふれる場所では、私たちは何と言えばいいか分からず、慰めの言葉を注意深く伝えるものだ。しかし、このような状況でイエス様は、ラザロの墓の前に行き、「その石を取りのけなさい」（ヨハネ11：39）と言われ、思いがけない祈りをささげた。

　「父よ。わたしの願いを聞いてくださったことを感謝いたします」（ヨハネ11：41）

　イエス様は、死という絶望的な状況を横に置き、まず「神様。感謝します」で始まる祈りをしたのだ。イエス様の感謝はあまりにも常識から外れたものであった。喪中の家でタブーとされている「感謝」という言葉を、ためらうことなく使われたのだ。死の後に復活があり、死の後に永遠のいのちがあり、死の後には神様がおられるので、悲しいことはないとイエス様は知っておられたのだ。

10|12
アインシュタインの感謝

　アインシュタインは、貧しい環境の中でも、多くの働きをした。

　彼は、毎日数百回「感謝します」と言ったという。自分より先に研究の道を歩んだ偉大な科学者たちの労苦に感謝を表した結果、より多くのことを成し遂げることができ、ついに世界的な科学者となったのである。

10 | 13

TGIF レストラン

　「TGIF」というチェーン店のレストランがある。
　TGIFとは、"Thank God. It's Friday（神様、感謝します。金曜日になりました）"の略語である。これは、5日間一生懸命働き、週末を楽しく迎えることができて神様に感謝しますという意味である。私たちは、極めて平凡なことにも感謝するTGIFの歩みをしなければならない。
　"Thank God. It's my family!（神様。私の家族を感謝します！）"
　今も私たちには、数えきれないほどの神様の豊かな恵みが注がれている。そして感謝は、そのような神様の恵みに対する人間の当然の反応である。神様が下さる恵みは、救いの恵み、導いてくださる恵み、守ってくださる恵み、助けてくださる恵みである。このような神様の恵みを悟り、感謝することは当然のことである。神様と私たちの関係は人格的なものであるということを悟り、感謝を正直に表して、もっと神様を喜ばせなければならない。感謝を正直に表すなら、神様と私たちの関係は、より深いものとなるだろう。

10 | 14

特別な肥料

　ある人が、誰も手をつけない、人里離れた田舎の不毛の地に種を蒔き、水をあげていた。そこは石が多く、雑草が生い茂っている土地だったため、それを見た人は、「頭がおかしいんじゃないか。あんなところに穀物が育つわけがない」とばかにした。
　ところが何年か後、そこで驚くべきことが起こった。その土地で他の土地より多くの穀物が育ち、しかも実も一様にしっかりしていたのだ。そのことを知った人々は、とても驚いて彼に尋ねた。
　「いったいどんな特別な肥料を使ったのかい」
　この質問に彼は、笑いながら答えた。
　「特別な肥料を使ってはいません。私はただ、『感謝します。このような土地でも私に与えてくださり感謝します』と言いながら、一生懸命働いただけです」

10 | 15

幸福へと導く道

1. 大きいことより小さいことに感謝しよう
2. 未来より現在に感謝しよう
3. 一番近い人に感謝しよう
4. 感謝で目覚め、寝付く時に感謝しよう
5. 毎日繰り返されるささいな日常に感謝しよう
6. 何事も当然と思わず、意識的に感謝しよう
7. 唇から感謝の賛美が絶えないようにしよう
8. 他人にまず感謝しよう
9. 一日に100回以上感謝しよう
10. 一生感謝を家訓にしよう

10/16

韓国版ペテロの奇跡

　韓国版ペテロの奇跡が起き、世間の話題になった。クゲ教会のキム執事は猟師をしているが、ある日、とてつもない量のブリを、網が破れそうになるほど捕まえたのだ。

　不思議なことに、他の猟師たちの網には捕まらず、彼の網にだけ10kgほどのブリが2370匹もかかったのだという。当時ブリは1匹あたり16万9000ウォンだったので、彼が捕えたブリの売り上げは、約4億7000万ウォンになったそうだ。

　それまでキム執事は、魚が捕れない時、周囲の人から「他の人のように、豚の頭でも供えて祭りをしたらどうだ」と勧められていたが、どこまでも信仰を守り通し、拒んでいたという。

　またクゲ教会は、20年間一度も会堂を修理できないままだったが、それを忍びなく思った執事は、牧師に「魚がたくさん捕れたら会堂を修理できるんですけどね」と話していたそうだ。

　キム執事は、ブリの売り上げで礼拝堂を建て直す計画だと言った。ところが、その計画を立てた1カ月後、再び驚くべきことが起こったのである。

　今度は、キム執事の網に長さ5mのミンククジラがかかったのだ。彼は、そのクジラを5000万ウォンで売った。そして、その内容が載った新聞記事を見て、全国の教会から証しの要請が来たため、とうとう福音を伝える伝道師となった。

　神様は今も生きて働いておられる。口先だけで感謝する者でなく、感謝を実践する者となりたい。

髪が薄い人が感謝する６つのこと

　女性にはあまり見られない現象だ。だから、すべての女性は感謝するべきである。

　神様の愛を受ける者は、髪が薄くなる。毎日、おでこをなでてもらっているからだ。

　髪の薄い人は、施しを受けて生きることはない。髪の薄い人で物乞いをしている人を、今まで一人も見たことがない。

　比較的、牧師に多い。エリシャもそうだった。

　石鹸やシャンプーや水をかなり節約することができる。

　神様に苦労をかけない。神様は毎日、私たちの髪の毛の数まで数えておられるからだ（マタイ10：30）。髪の薄い人は、髪の毛の数が少ないため、神様にどれほど負担をかけずに済んでいることか。

　私たちは、悟った分だけ感謝することができ、感謝した分だけ幸せになるのである。

10｜18

すべてのことに感謝する誤解

　「すべてのことについて感謝しなさい」という聖書の言葉を読む時、人は２つの誤解をしやすい。
　１つ目は、感謝は神様が下さる良いものに対してのみするものだという考えである。そのため、成功、健康、祝福、財産、素敵な服、プレゼントなど、良いものが与えられた時だけ感謝するという間違いを犯してしまうのである。
　２つ目、感謝の思いがあふれてきた時だけ感謝すれば良いという考えである。
　しかし、パウロは「すべてのことについて感謝しなさい」と言った。これは、すべてのこと、どんな状況、どんな成り行きになっても、すなわちうれしい時、悲しい時、失敗した時、さらには苦痛に直面している時でも感謝しなさいという意味である。
　人は、試験に落ちたり、昇進できなかったり、事が思い通りにいかなかったりする時には感謝することができない。しかし、この世を治めておられる神様の観点から見る時、どんな状況でも感謝の心を選択できなければならない。それこそ神様の思いである。
　もし、すべてのことに感謝できないなら、私たちは不信仰の人生を生きるようになる。私たちは、感謝の心が出てこない時でさえも、感謝する方法を学ばなければならない。

人にだけではなく、イエス様にも

　私は、車椅子で生活している。ベッドから下りる時も、コーヒーを入れる時も、服を着る時も、髪をとかす時も、歯を磨く時も、鼻をかむ時も、私は誰かの助けを必要とする。その度に私は、すかさず「ありがとう」と言う。これは私の本心である。

　いつだったか、私の秘書ジュディーが、私に10ドルを借りようとした時のことである。忙しかった私は、何も考えずに、ジュディーに私の財布から10ドルを取るように言った。財布の留め金がパチンと閉まる音が聞こえると、私は気分良く言った。

　「ありがとう」

　すると、横にいた友人が尋ねた。

　「君がなぜありがとうなんだい。お礼を言うのはジュディーの方なのに」

　どうやら私は、人に無条件で「ありがとう」と言うようプログラムされたようである。

　イエス様にもそのようにできればどれほどいいだろう。人にだけではなく、イエス様にも感謝するように、もっとしっかり「プログラム」され、一日に何度も感謝の祈りをささげることができたら、どんなにいいだろう。しかし残念なことに、私の心にはまだ感謝が足りない。むしろ感謝を忘れていることの方が多い。

作者不詳

10 | 20

娘に感謝する理由

次の文は、娘に対する母親の感謝である。

娘よ。生まれてから、お母さんの喜びとなってくれてありがとう。

娘よ。お母さんを理解し、良いお母さんだと言ってくれてありがとう。

娘よ。お母さんの良い友だちになってくれてありがとう。

娘よ。一緒にショッピングをしたり、映画に行ってくれてありがとう。

娘よ。学校で信仰のリーダーになり、信仰生活を送ってくれてありがとう。

娘よ。良い大学に入学し、うまく適応してくれてありがとう。

娘よ。あなたが４年間全額奨学金をもらい、毎月の生活費まで支給されてありがとう。

娘よ。お母さんの経済的な心配を減らしてくれてありがとう。

娘よ。時々お母さんの甘えを聞いてくれてありがとう。

娘よ。勉強で忙しい時でも、お母さんが元気かどうかたびたびメールを送ってくれてありがとう。

娘よ。遠くにいても、お母さんの心強い味方になってくれてありがとう。

娘よ。お母さんの希望となってくれてありがとう。

大切な職場を感謝せよ

　同じ元素である炭素からできていても、石炭とダイヤモンドは全く違うように、同じ環境でもダイヤモンドのように光を放つ一生を送る人もいれば、燃え尽きて使い道のない石炭のような人生を送る人もいる。
　結局、自分の仕事を価値のあるものとするのは、自分自身なのだ。自分の仕事を大事にし、感謝する人は、肯定的なエネルギーが出て、宝石のような人生を送ることができるが、そうでない人は、否定的なエネルギーが自分の人生を取り巻き、持っているものも奪われてしまうみじめな人生を送ることになる。
　自分の職場を大切に思い、感謝する人だけが、仕事の喜びを通して幸せと生きがいを経験することができる。
　自分の働きの地境を広げる成功のカギが感謝であることを忘れず、もみじが色とりどりに美しいこの実りの秋に、小さな感謝を日常で実践し、自分の人生を感謝で染め、家庭を感謝で染め、職場を感謝で染めていこう。

10/22 ぶさいくで感謝

　昔、ある村の女性が、ぶさいくな顔のために両親を恨み、自分を卑下し、美人の友人をうらやんでいた。
　一時は自殺を決心するほど、その女性にとっては自分のぶさいくな外見が大きな問題であった。
　ところがある日、隣の国が侵略してきて村が占領され、村の女性たちは捕虜として連れていかれてしまった。
　しかし、この女性はぶさいくだという理由で連れて行く対象から外されたのだった。瞬間、彼女から次のような言葉が出た。
　「ああ、お母さん。私をぶさいくに生んでくれてありがとう」

幸せな人と不幸せな人の違い

　次の文を読んで、自分の生活態度を点検してみてほしい。

　感謝する心で食事をする人は幸せな人であり、
　けちをつけながら食事をする人は不幸せな人だ。
　片手を失っても２本の足と片手が残っていることを感謝する人は幸せな人であり、
　指１本を失って世界が崩れたかのように嘆く人は不幸せな人である。
　一日一日を喜びと感謝で過ごす人は幸せな人であり、
　一日一日を不平と恨みで過ごす人は不幸せな人である。
　ゴキブリではなく人間として生まれたことを感謝だと思う人は幸せな人であり、
　「何で自分は人間に生まれてこんな苦労をするのか」と嘆く人は不幸せな人である。
　ささいなことにも感謝する人は幸せな人であり、
　大きな恵みも不満を感じる人は不幸せな人である。
　この世がどんなに厳しくても生きる価値があると思う人は幸せな人であり、
　生きる価値を感じられない人は不幸せな人である。

10/24

感謝の水素爆弾

　ソン・ヤンウォン牧師は「愛の原子爆弾」と呼ばれているが、それ以前に、「感謝の水素爆弾」であった。彼は、2人の息子の葬式の時でさえ感謝をし、多くの人々を驚かせた。どれほど大きな恵みと悟りを得れば、息子の死を前に感謝できるのだろうか。

　普段から感謝できない人が、ある日突然大きな感謝をささげることはできない。普段、小さなことに感謝する人だけが、困難の時に感謝をささげることができるのである。私はソン牧師の説教集を見て、彼こそ本物の感謝を悟った人であると思った。そして、彼の最初の感謝に関する説教を読んで衝撃を受けた。

　　水を飲みながら感謝せよ。
　　息をしながら感謝せよ。
　　日光を下さる恵みを感謝せよ。
　　土地が与えられている恵みに感謝せよ。
　　死に至る罪から救われた恵みに感謝せよ。
　　今までいのちが与えられている恵みに感謝せよ。
　　永遠のいのちの国を保証されていることに感謝せよ。

　彼の感謝を読むと、神様はすでに私たちの必要をすべて満たしてくださっているということが分かる。

　水、空気、日光、土地などは私たちに必要不可欠だが、私たちの努力では得ることができない。神様が最初から与えてくださっている贈り物である。このように神様は、私たちの肉体的な必要、霊的な必要をすべて満たしてくださっている。だから私たちは、与えられている祝福を数えて感謝すれば良いのである。

　感謝は祝福を受ける器である。感謝の器を広げる時、すべてのことが満たされるであろう。

10/25

幸せになる習慣

　キム・ジャンファン牧師は、「幸せになる習慣」についてこのように語っている。
　「格好が良くないと悪口を言わないでください。彼を造られた方がそのように形作られたのですから。すぐに怒ると責めないでください。仕事で疲れて神経が敏感になっているかもしれないのですから。毎日遅れてくると陰口を言わないでください。やることが多くて忙しいため、また電話が長びいて遅れるということもあるではありませんか。たとえ忙しくなかったとしても叱らないでください。時計を見ていなくて遅れることもあるではありませんか。何にも知らないと軽蔑しないでください。学ぶ機会がなくて学ぶことができなかったのかもしれないではありませんか。けちだと嫌いにならないでください。経済的な苦しさを心配して節約していると、そうなることもあるでしょう。私を理解し、弁護してくれるように、他人も理解してあげてください。そういうこともあるかもしれない、と考えてあげてください。本当にそういうこともあるのですから。そのように考える時、心に平安が生まれます。生きがいも出てきます。毎日、瞬間瞬間が感謝です。憎しみは、あなたの顔にしわを一本増やすだけですから」

10/26

感謝の解剖

　感謝する心をよく解剖してみると、
　その中には、ありがたみ、赦し、申し訳なさ、愛という心がすべて含まれているということが分かる。
　だから、すべての良い心を感謝という形で表現すれば良いのだ。

マシュー・ヘンリーの感謝の原理

　聖書注解者のマシュー・ヘンリーは、このように語った。

　「感謝は足し算のようなもの
　すべてのことに感謝すると
　そこには神様の祝福が増し加わる
　どこででも、どんなことにでも感謝すると
　プラスの祝福が訪れる
　しかし反対に恨みと不平は
　引き算のようなもの
　ある物まで奪い去られてなくなってしまう」

10 | 28

ある父親の相続の話

　5人の子どもを大学まで卒業させ、結婚もさせて、やっと一息ついたある父親が、からだの具合が悪くなり、子どもたちと嫁や婿を呼び集めた。
　「私がこれまで負ってきた負債は、およそ7億ウォンほどになる。私にはもう返済する能力がないので、お前たちに少しずつ返してもらわなければならない。ここにある紙に、それぞれどれだけ返せるか金額を書いてくれ」
　父親に財産があると思っていた子どもたちは、互いにぼうぜんと顔を見合わせた。その中で、暮らし向きがあまり良くない三男が、紙に「5000万ウォン」と書いた。すると、仕方なく他の子どもたちも紙に、まるで競うように「1000万ウォン」「1500万ウォン」「2000万ウォン」「2500万ウォン」と書いていった。
　数カ月後、再び父親が子どもたちを呼び集めた。
　「私が死んだら、お前たちがいくらにも満たない遺産のために争うのではないかと財産を整理した。今、この前お前たちが書いた金額の5倍を与える。これで、お前たちに私が与える財産相続はすべてだ」
　この言葉を聞いて、紙に書いた金額が少なかった者たちの顔色が真っ青に変わった。

サタンの種

　ある日、サタンが天から地上に下りてきた。そして倉庫を建て、その中に各種のサタンの種を保管しておいた。

　憎しみの種、嫉妬の種、悲しみの種、欲の種など、各種の種を保管したサタンは、ある日、地球のあちこちにその種を蒔き始め、その種は、人々の心に落ちて成長した。

　ところが、ある地域だけは、サタンの種の効き目がなかった。どんなに蒔いても、その村には芽が出なかったのだ。この村は「感謝の村」であった。

　昼も夜も感謝し、春にも冬にも感謝し、楽しいことにも悲しいことにも感謝し、うまくいってもいかなくても、健康でも病気になっても、持っていても持っていなくても、環境や状況が変わっても、どんなことが起こっても感謝するため、サタンの種が何の力もなく、芽を出すこともできなかったのである。

10/30

とげの感謝

　赤く咲いている見事なバラの花は、誰でも好むものである。

　つぼみを破り、花を咲かせ、精いっぱい着飾っているバラは、その香りでみつばちや蝶、そして人々に幸せをもたらす。しかし、形や香りだけを見て触ろうものなら大変なことになる。バラの茎には、するどく突き出たとげがびっしりとついているからだ。

　神様は、なぜとげまでつくられたのだろうか。

　それは、バラに対する深い愛のしるしである。とげによって、バラの花のいのちをより長く守ろうとされたのである。とげがなければ、誰もがバラを折り、手で触って早くしおれてしまい、バラの生命力も短くなってしまうだろう。

　神様が私たちに下さるとげの深い意味を悟り、バラの花にもとげにも感謝して一緒に楽しむことのできる人生となるなら、私たちはさらに香りを放つ生涯を送ることができるだろう。

10/31

人間についての残念な定義

　ドストエフスキーは1864年、『地下室の手記』で、人間についてこのように書いている。

　「諸君。ひとつ人間は馬鹿でない、としてみよう。……しかし、たとえ馬鹿でないとしても、やはり呆れはてた恩知らずである！　まったくまれに見る恩知らずだ！　ぼくは、人間というやつのいちばんぴったりした定義は、二本足の恩知らずな動物 ── これだとさえ考えている」

November 11 | 1

秋には感謝せよ

「秋には黄色いイチョウの葉を見てください。秋には赤いもみじの葉を見てください。秋には赤とんぼを見てください。秋には青く高い空を見てください」
　ブッカン山の感謝書房の近くにある、けやきの木の落ち葉を踏んで歩く子どもたちの声が、あんなにはずんでいる。落ち葉を踏みながら細い道を散歩する子どもたちの足取りは、心まで豊かにするようだ。
　どんぐりや栗が落ちている所で、りすがしっぽを振りながら忙しく動き回っている。りすの冬支度が、秋をせき立てているようだ。
　2枚しか残っていないカレンダーを見ると、早くもさびしさと名残惜しさが感じられるが、振り返ってみると、次々と感謝がわき出てくる。立派な実をつけている栗の木の下で、りすが残していった栗を何個か拾い、思いにふけった。
　今年は特に雨が多く、暴風雨も吹いたが、よく耐え抜いて、おいしそうな実を結んだ栗の労苦に、拍手を送りたい気分だった。私もやはり大変な年であったが、よく耐えて、小さな実でも結ぶことができたことをうれしく思い、感謝をした。
　この世の基準で、多くのものを持ち、楽しめれば幸せなのではない。神様の子どもとして、神様の愛と恵みを受けて生きることが幸せなのだ。
　耐えることのできないほどの欠乏。それは私を神様の前に出ていかせるだけではなく、より大きな愛、より大きな恵みへと私を導く父なる神様の呼びかけであり、祝福の通路である。そのため深くなっていく心の平安、幸せの神秘に、この秋、私の心はさらに豊かになり、わくわくしている。この感謝を共に分かち合いたい。

11-2 農夫の答え

　いつも不平ばかり言っている農夫がいた。農夫の目には、美しいものが見えず、耳には良い知らせが入らなかった。雨が少し降っただけで洪水を心配してつぶやき、日が差しても日照りを心配して騒ぐのだった。害虫が少しでも目につけば、穀物全部が被害を受けるかのように心配した。

　そんなある年のこと、大豊作が訪れた。穀物の価格もはね上がり、村の人々は喜んだ。村人は、いつも不平を言っている農夫を訪ねて、「今年は大丈夫だろう？」と聞いた。すると農夫はこのようにつぶやいた。

　「大丈夫なもんか。土地にとても負担がかかるじゃないか」

11/3

感謝の戦争

　マルティン・リンカルトは、17世紀のルター派牧会者として、30年戦争の真っ最中に、故郷であるドイツのアイレンブルクで牧会をしていた。当時アイレンブルクは、致命的な伝染病が猛威を振るっており、住民は飢えと生活用品不足に悩まされていた。多くの牧会者が安全のために避難していく中、マルティンは、続けてそこにとどまった。

　彼は、その生涯に4500件に上る葬式を執り行ったが、その中には彼の妻も含まれていた。しかし、それほどひどく落胆するような状況の中でも、マルティンは短い祈祷文を書き、子どもたちが食前の祈りの時に祈れるようにした。この祈祷文を歌詞にして作られた賛美歌は、今もドイツの国家行事や国家記念日の時に広く歌われている。

　　感謝に満ちて　み神をたたえん
　　すべてささげ　みわざをうたわん
　　母の胎に　ありし日上り
　　あがないたもう　神の力
　　　（讃美歌21　11番）

11｜4

感謝すると健康になる

　77歳のジョセフィンは、50代後半に悪性脳腫瘍と診断された。手術を待つ間、彼女はうれしかった日々を思い出しては感謝する時間を持った。そして家族を集めて、彼らに感謝の言葉を伝えた。

　手術の日が近づいたので、彼女は病院に行った。ところが手術の前日、彼女はとても不思議な体験をした。

　「長い髪をなびかせた美しい女性が私を見て笑っていた。辺りはとてもまぶしく光っていた。彼女は自分が天使だと言い、これからあなたは長生きするだろうという言葉を伝えるために来た、と言った。そして、愛と感謝が私の病を治したという事実を決して忘れないように、と言った」

　こうしてジョセフィンを苦しめていた腫瘍はきれいになくなり、彼女は手術を受けずに退院したのだった。感謝と愛の肯定的な心が、健康に大きな影響を与えるということを忘れずにいたいものである。

　肯定的な感情は、血管にエンドルフィンを分泌し、免疫体系を強め、病気に対する抵抗力と自然治癒力を高める。また、エンドルフィンは、血管が広がるように刺激を与え、心臓を安全な状態にする効果があるという。

　では、心配や怒り、絶望のような否定的な感情はどうだろう。病に抵抗する白血球の数値と働きを減少させ、多くのアドレナリンを血管に送り、脳卒中や心臓疾患を引き起こすという。皆さんは、アドレナリンが心臓の血管を収縮させると血圧が上がり、動脈と心臓が損傷する危険があるということを知っているだろうか。

常に感謝してほしい。そうするなら、アドレナリンはより少なく、エンドルフィンはより多く分泌される。
　感謝をすると、私たちのからだに有益なホルモンが勢いよく流れ出し、健康になるのである。
　「感謝はエンドルフィンを分泌し、健康にする」
シャロン・ハフマン

清教徒たちの感謝の7項目

　180トンしかない小さな船だが、その船を下さったことに感謝。

　平均時速2マイルの航海だったが、117日間続けて前進することができて感謝。

　航海中、2人亡くなったが、一人の赤ちゃんが生まれたことに感謝。

　嵐で大きな帆が折れてしまったが、難破しなかったことに感謝。

　女性が何人か大波にさらわれたが、全員救出されたことに感謝。

　先住民の妨害のために上陸できず、1カ月漂流していたが、ついに好意的な先住民が住んでいる場所に上陸することができて感謝。

　苦しい3カ月半の航海の途中、ただの一人も引き返そうと言う人がいなかったことに感謝。

感謝の祈りの力

　1620年、清教徒102名が、信仰の自由を求めて、新大陸に向かって旅立った。しかし、新大陸に上陸して1年もたたないうちに、半数以上が飢えと病で死んでいった。彼らは、断食祈祷を宣言し、神様に切に求めた。
　「私たちが、神様の前に麻の服を着て断食しながら切に叫び求めるなら、神様は必ず答えてくださる」
　そのように、互いに励まし合いながら断食祈祷をして話し合っているところに、ある人がこう提案をした。
　「私たちが、困難に遭うたびに断食祈祷をするのは、神様に不平を言っているようなものです。たとえ食料が不足し、病と闘わなければならなかったとしても、私たちには信仰の自由があり、政治的な自由があります。ですから、断食祈祷の代わりに感謝の期間を設けて、神様に感謝祈祷をささげてはどうでしょうか」
　この提案を受けて始まった収穫感謝祭が、今日のアメリカを作り上げる原動力となったのである。

11│7

感謝する者の幸せ

　アメリカ東部プリマス港には、今も102名の清教徒が信仰の自由を求めて乗船したメイフラワー号が展示されている。また、彼らがアメリカに上陸した後に建築し、1620年に完成したおごそかな礼拝堂もそのまま保存されている。

　清教徒たちがアメリカに向かって旅立った理由は宗教の自由だった。ただ神様だけを信じ、礼拝をささげるためにいのちがけで大西洋を横断し、まだ自分たちの生活の基礎さえ立てられていない状態の中で、汗と血と涙を流して礼拝堂を建てたのであった。

　一緒に航海した仲間が一人ずつ死んでいくのをやり切れない思いで見守りながらも、彼らは必死で礼拝堂を完成させたのだ。

　そして、1年間農業をし、最初の収穫を神様にささげながら、彼らは収穫感謝祭を行った。

　結局彼らが蒔いた犠牲と感謝の精神により、彼らの子孫は世界最強の大国を築く祝福を受けたのである。

11 | 8

感謝でアメリカの礎を築く

　ワシントン大統領は、次のように宣言した。
　「全知全能なる神様の摂理を信じ、神様の計画に従ってその導きに感謝し、謙遜に神様の守りと恵みを求めることは、国家の義務であります。
　議会の上下両院連合委員会は私にこのような要求をしました。
　『アメリカの国民に、公式に感謝節と祈祷節を制定し、国民が真実に感謝する心で全知全能なる神様の恵みを信じ、この感謝節と祈祷節を守るようにし、特別に国民が自分たちの安全と幸せのために平和な政府を守りましょう』
　それで私はこのように提案しました。はるか昔から私たちを守ってくださった神様の恵みを感謝し、私たちをこれからも守ってくださるよう、礼拝をささげましょう。そうすれば、神様は私たちを必ず守ってくださるでしょう」

11│9

感謝するとすべてのことが大切になる

　大文豪シェイクスピアが、昼食のために食堂に入った。そこで、料理を運んでいた少年がシェイクスピアを見てにこっと笑った。シェイクスピアは少年に尋ねた。
　「君は何でそんなににこにこしているんだい」
　「この食堂で、料理を運ぶことが感謝だからです」
　「おや。料理を運ぶことが何でそんなに感謝なんだい」
　すると少年はさらに明るく笑って答えた。
　「料理を運んでいるから、先生のような尊い方をもてなすことができたのではありませんか。私は今日のような日が来るのを待っていたのです」

感謝献金

　以前仕えていた教会で、日曜日の礼拝の時に感謝献金をささげる信徒の名前と感謝の内容を紹介し、共に祈ったことがあった。

　その内容を見てみると、おもに健康、誕生、引っ越し、昇進、合格などの感謝が多い。ある時は「神様。無条件で感謝します」と書かれた感謝献金を紹介し、他の人たちの感謝と一緒に祈りをささげた。

　またある時は、「神様。ただ感謝します」と書かれていたことがあった。次の週には、「神様。いつでも感謝します」と書かれた封筒もあった。その次の週には、「神様。いろいろ感謝します」という内容の献金もあった。最初は何のことか分からなかったが、しばらく後になって納得がいった。その言葉は「一瞬一瞬」という意味であったのだ。

　厳密に言うと、私たちが神様にささげる感謝は「無条件」から始まらなければならない。

　その理由は、私たちがささげなければならない感謝はあまりにも大きく、たくさんあるからである。そして、毎時間、毎秒、一瞬一瞬、永遠に感謝をささげなければならない。

11 一日100回の感謝

　今日は、感謝の賛美で一日中感謝できたらと思う。
　5回歌うと、100回感謝をすることができる賛美である。

　主われを救いて

私を救われた主に感謝　すべてのものを下さり感謝
過ぎ去った日々に感謝　主が私のそばに
おられたから
香り良い春に感謝　寂しい秋に感謝
流した涙に感謝　わが魂やすらか

答えられた祈りに感謝　答えられなかった
祈りに感謝
嵐を切り抜け感謝　すべてを満たしてくださる
痛みと喜びを感謝　絶望の中の慰めに感謝
計り知れない恵みに感謝　大きな愛に感謝

道に咲くバラに感謝　とげにも感謝
温かい家庭に希望を下さり感謝
喜びと悲しみにも感謝　天からの平安に感謝
明日の希望を感謝　とわに感謝

感謝祭の由来

　イスラエルは、モーセの時代から「過越の祭り」「刈り入れの祭り（五旬節）」「仮庵の祭り」の三大祭りの時は、すべての営みを止めて、エルサレムの宮に集まり、神様に感謝した。

　「過越の祭り」には、神様がイスラエルの民をエジプトの奴隷生活から救い出されたことを記念し、エジプトを急いで出る時に食べた、発酵していないパンを作って食べた。

　「刈り入れの祭り」は、40年間の荒野生活を終え、カナンの地に入って農作物を植え、初物を刈り入れたことを記念する祭りである。「刈り入れの祭り」の一番重要な意味は、最初の収穫物を神様にささげることで、7月の初めの日曜日に、半年間恵みを下さった神様に感謝し、残りの半年も守ってくださるように願う祈りをささげることである。

　「仮庵の祭り」は、1年間、農業が祝福されるように先の雨と後の雨、そして日光を与えて下さり、農業を助けてくださった神様の恵みを感謝すると同時に、子孫にも、先祖が荒野で40年間苦労したことをからだで感じるように教育する祭りである。神様は、この三大祭りの間、家ではなく宮に集まるように命じられ、一日ではなく1週間「感謝の訓練」をするよう命じられたのである。

11 | 13

感謝の意味

　「感謝」を国語辞典で引くと、「ありがたく感じて謝意を表すこと」と出ている。旧約聖書のヘブル語の感謝は「トダー」で、「告白する」という意味であり、新約聖書のギリシャ語の感謝は、「エウカリスティア」で、動詞では「熟考する」、名詞では「良い恵み、贈り物、祝福」という意味である。

　だから、感謝という言葉を総合してみると、神様が下さる良いものを深く考え、ありがたい気持ちを表すことであると言える。すなわち、神様の恵みを受けた者が、その恵みを覚え、感謝を表すために良い贈り物を神様にささげることである。恵みは神様が無条件に下さる贈り物であり、感謝は私たちが自ら進んで神様にささげる贈り物である。

　このように感謝する時、神様が私たちの感謝を受け取ってくださり、祝福を用意してくださる。これが、聖書で語っている感謝の本当の意味である。

感謝すると

　感謝すると、他人を配慮し、楽しい一日を過ごせるようになる。

　感謝すると、幸せになり、活力がみなぎり、情熱的になり、すべてに興味を持つようになり、ユーモア感覚が生まれ、熟睡できるようになって健康になり、他人を積極的に助けるようになり、寛大になり、ねたみや恨む心がなくなり、創造的で視野が広くなり、ストレスに強くなり、家族関係が良くなり、信仰が生まれるようになる。

　感謝すると、豊かになり、幸せになり、温かになり、笑うようになり、つらい時も感謝を持って賛美するなら、感謝することのないと思われた人生にも、感謝することが見つかるようになる。

11/15

感謝の力　ステファン・ポスト博士

　私は、ケース・ウェスタン・リザーブ医科大学の教授です。私はIRUL（The Institute for Research on Ultimate Love）という組織を設立し、人間の人生において愛や肯定的な世話がもたらす効果を実験し、測定する研究をしています。その結果は驚くべきものでした。「感謝」と「愛」と連結しているあらゆる要素が、私たちを健康にするということを発見したからです。この研究によって、私は、人生を顧みる方法が変わり、特に収穫感謝祭の時期になると、その意味がさらに切実に感じられるようになりました。ここに研究を通して発見した５つのことを紹介したいと思います。

　免疫力が向上する……一日に15分間、自分が感謝すべきことが何であるかを集中的に考えると、自然免疫力が急激に向上する
　性格が明るくなる……自然に感謝を表現する人は、うつ病になる確率が減る
　安心感が強くなる……感謝する心を維持する人は、血圧と心拍に良い影響を与える
　からだを強くする……他人を世話することは力を消耗することだが、感謝の心で他人を世話する人は、感謝をしない人よりはるかに健康である
　治癒力が上がる……臓器移植手術を受ける人の中で、感謝する心が強ければ強いほど早く回復する

　　　　　　　　ガイドポスト誌、2007年11月号より

感謝は日々するものである

　収穫感謝の月である。「感謝」をたくさんする月である。

　しかし、感謝は収穫感謝の日にだけするものではなく、毎日、しなければならないものだ。

　神様は私たちに、すべてのことについて感謝しなさいと言われた。

　すべてのことについて感謝しなさいという言葉は、すべてのこと、すべての状況、どんな境遇にあっても、どんな目にあっても感謝しなさいという意味である。

　良いこと、つまり健康な時、成功した時、うれしく楽しい時など、人生の中で日が当たっている時だけ感謝するということではない。

　生きていれば、つらいことがたくさんある。貧しく、病にかかり、失敗して悲しい時、人生の中で日が当たらない時、決して経験したくはないことも多くある。怒りたくなる状況の時もある。

　そんな時でも感謝しなさい、という言葉がどんな意味であるのかを、私たちは深く考えなければならない。

　感謝は、そのような中で導かれる神様を信頼し、私たちと共におられる神様に頼り、私たちに力を与えられる神様に栄光をささげることである。

11/17

神様に感謝せよ　J.A.ヒルトマン

救い主である神様に感謝しなさい
すべてのものを下さる方に感謝しなさい
過去ではなく今この時間に感謝しなさい
私のそばにおられるイエス様に感謝しなさい
さわやかで暖かい春に感謝しなさい

暗くさびしい秋に感謝しなさい
忘れてしまった涙に感謝しなさい
魂のうちにある平安に感謝しなさい
答えられた祈りに感謝しなさい
答えられなかった祈りに感謝しなさい

私が経験した嵐のような日に感謝しなさい
すべてのものを下さる方に感謝しなさい
苦痛に感謝し、楽しみに感謝しなさい
絶望の中で与えられた慰めに感謝しなさい
誰も測ることのできない恵みに感謝しなさい
比べることのできない愛に感謝しなさい

ノーサンキュー

　旧ソ連のフルシチョフが、アメリカが最強国となった理由を調べるように指示を出した。彼らの報告は次のようなものであった。「豊かな地下資源のためである」「アメリカ人の愛国心のためである」「彼らの開拓精神のためである」。このようにさまざまな報告がされたが、満足がいく答えはなかった。

　ところが、ある新聞記者がこのように言った。

　「私が思うには、アメリカの力は言葉にあるように思います。彼らは、いつでもどこでも『感謝します（サンキュー）』という言葉を、耳が痛くなるほどよく使います」

　言われてみると、その通りであった。皆は首を縦に振って納得した。

　実際にアメリカ人ほど「感謝します」という言葉を多く使う民族はいない。その上彼らは、断わる時も「感謝」（ノーサンキュー）という単語を使う。感謝という言葉を一番多く使うアメリカが世界一の強国となったのは、驚くことではないのかもしれない。感謝をする人と国に、繁栄と幸福が臨むからである。

11/19

感謝の専門家、リュ・テヨン博士の話

　デンマークとイスラエルで学び、セマウル運動（地域開発運動）のアイデアを最初に提案したリュ・テヨン博士は、「感謝の専門家」である。彼は自分の著者の中でこのように言っている。
　「ある時、新聞配達をして帰ると、ゴミ箱にひとかたまりのごはんが捨てられているのを見つけました。私はとてもお腹がすいていて、我慢できずに周りを見渡し、すぐにそれを拾いました。ごはんについていた練炭の灰と砂を落とし、全部食べました。涙がとめどなくあふれてきました。けれども、ゴミ箱のごはんでも食べさせてくださった神様に感謝をささげました」
　また、このような文章もある。
　「私は小学校６年生から毎日欠かさず日記をつけていました。自分で読み返しても驚いたことに、『感謝します』という言葉が日記帳にたくさん書いてありました」
　もし、リュ・テヨン博士に感謝する知恵が備わっていなかったなら、不幸の沼でもがきながら自分の苦しい生活を嘆き、両親と社会を恨み、これほど創造的で前向きな人になることはなかったであろう。

感謝の効果という秘密の鍵

　ジョン・ディマティーニは、収穫感謝祭の季節に生まれた。そのためジョンの母親は、ジョンが感謝の心で満ちあふれた人になるよう願った。母親は、感謝の効果の秘密を彼に教えた。

　「ジョン、自分が祝福を受けているということをいつも覚えていなさい。自分がいつも祝福されているということを忘れず、自分の人生に感謝する人は、さらに大きな祝福を受けるようになるから」

　毎晩寝る前に、自分に起こったことに対して感謝する時間を持つことは良いことである。また、感謝と共に一日を始めることも賢明なことである。感謝は、私たちの人生の至るところに波及効果をもたらす。「感謝の効果」は、自分の中の鍵がかかっている宝の倉庫を開ける鍵なのである。

　「この世に存在するすべての人、場所、物事、考え、事件は、あなたが夢見る完全な人生を作り上げるのに必ず必要な部分である。逆境の中には必ず隠れた祝福があり、一歩後退は、新しい跳躍のための準備である。これが感謝である」

　　　　　　　　　　　　　　ジョン・ディマティーニ

11｜21

365日のうち364日は収穫感謝祭

　イギリスの有名な作家チャールズ・ディケンズは、アメリカを訪問し、全国を回りながら講演をしている中で、収穫感謝祭を迎えた。

　「収穫感謝祭は一日ではありません。1年365日のうち364日を収穫感謝祭として過ごさなければなりません。365日のうち、一日は不平を言うために使ったとしても、364日は神様に感謝をするために使わなければなりません」

　一日くらいは不平を言っても、それ以上は言うなということである。私はディケンズの言葉に全面的に同感である。

　私たちは、95％以上自分の人生に満足していながらも、足りない5％に対して不満をもらす。95％の満足なことは当たり前と思い、残りの5％でさえ、自分が当然受けるべき権利と考え、それが解決されない時は、不平といらだちをぶつけて生きている。

　5％に不平を言う前に、まず95％に対して感謝しよう。そうすれば、残りの5％の問題も自然に解決するだろう。

感謝が与えるボーナス

　感謝は「最高の霊的化粧品」である。感謝すると顔もきれいになる。
　感謝は「最高の霊的資本」である。感謝すると成功する。
　感謝は「最高の霊的教育」である。感謝すると成熟した人生になる。
　感謝は「最高の霊的強壮剤」である。感謝すると若返り、健康も取り戻せる。
　感謝は「最高の霊的抗がん剤」である。感謝するとがん細胞が小さくなる。
　感謝は「最高の霊的鎮痛剤」である。感謝すると苦痛が消え去る。
　感謝の祝福は、到底口では言い尽くせない。感謝はすべての関係を強くし、すべてのものを美しく見せる。感謝し続けると、思考と価値観が肯定的に変わり、信仰と希望と愛も大きくなる。感謝をすると、不眠症も治り、魂の堕落を防ぎ、サタンと恐れが入りこむすきがない。

11 | 23

少しだけ感謝しても

　エリザベス・ノーベルという人が書いた「少し」という詩がある。

　砂糖をほんの少し入れるだけで、料理の味を変えることができる。
　石鹸をほんの少し使うだけで、体をきれいにすることができる。
　日がほんの少し差し込むだけで、新芽が力強く育つことができる。
　鉛筆がほんの少し残っているだけで、美しい文を一筆書くことができる。
　ろうそくがほんの少し残っているだけで、周囲を明るく照らすことができる。

　ささいなことにも感謝することができる人は、謙遜な人であり、知恵深い人である。

11│24

比較意識は、人生を破滅に追いやる

　比較意識は、私たちを相対的な貧困に陥れる。相手が自分より多くのものを持っていたり、多くの愛を受けていたり、より高い学歴や才能を持っているといって比較し始めると、感謝は消え去り、不幸の泥沼にはまっていく。

　映画「アマデウス」を見ると、サリエリは当時最高の音楽家であった。モーツァルトが現れる前、彼は羨望と尊敬を一身に受けた幸せな人生を送っていた。しかしモーツァルトと比較し始めた時から、彼の人生は不幸の泥沼にはまっていった。

　彼を怒らせたのは、自分は夜通し全力を尽くして作曲をしても、人々の記憶に残る曲は作れないのに、モーツァルトは女の子と遊び回り、空き時間に趣味として作曲しても、不朽の名作を作れるということだった。

　彼をさらにみじめにさせたのは、自分がモーツァルトの天才的な才能を見抜く目を持っていたということだった。彼は叫んだ。

　「なぜ私には、天才を見いだす能力だけを与え、モーツァルトのように天才的な作曲能力を与えてくださらなかったのですか」

　結局、比較意識と劣等感が彼の人生を破滅に追いやったのだ。

11│25

マックラー博士の実験

　アメリカ・テキサス州のダラスに住んでいる、マックラー博士が、友人と共に興味深い実験をした。実験対象が見つからなかったが、友人が知恵を絞り、カリフォルニア大学の新聞と掲示板に、「実験に参加した人は、試験で高得点をあげるので申請してください」という文を載せたのだった。

　次の週、数百名の志願者が押し寄せた。そこでマックラー博士はその中の200名を選び、100名ずつ2チームに分け、各チームに違う課題を与えた。

　Aチームの学生には、一日のうちに起こった、気分が悪かったことをすべて書くよう指示し、Bチームの学生には一日のうちに起こった、感謝だったことをすべて書くよう指示した。この実験は、3週間続いた。

　ついに3週間が過ぎた。果たしてどのような結果が出ただろうか。Bチームの学生は、3週間とても幸せだったと答えた。ストレスもほとんど受けなかったという。そしてその期間、病気になる学生は一人もいなかった。それだけでなく、皆活気にあふれ、明るい表情であった。

　反してAチームの学生は、普段より友人とけんかをすることが多く、ボーイフレンドやガールフレンドと別れたり、胃腸炎になったりする学生もいた。顔の表情もひどく暗くなっていた。

　マックラー博士は、実験結果をこのように発表した。
　「感謝する人は、ストレスをあまり受けない
　感謝する人は、他人より自分が幸福だと感じる
　感謝する人は、力が満ちあふれ、病気になりにくい
　感謝する人は、他人に喜びを与える
　感謝と不平はウイルスのように他の人に伝染する」

11 | 26

フランクリンの感謝

　アメリカがイギリスから独立を勝ち取り、新しい憲法を作るために、代表者が集まった時、独立の功労者であるフランクリンが、このような提案をした。
　「私たちは、イギリスとの独立戦争の間、神様の助けを受けるために、毎日この部屋で祈り求めました。神様は、私たちの切なる祈りを聞いてくださり、私たちは念願の独立を手に入れました。
　私たちがここに集まり、この国の未来と基礎を作ろうとしている今、どうして神様の恵みにまず感謝せずにいられるでしょうか。神様の助けなしに、国が建つことができるでしょうか。ですから、神様の恵みに感謝し、神様の助けを受けるために、憲法の話し合いを行う前にまず毎朝礼拝をささげることを提案します」
　アメリカの憲法には、まさにこのような感謝の信仰が含まれている。

11 | 27

感謝治癒の効果

　ローゼンマイヤー・ハーモンは、このように語った。
　「感謝する心は、いやしに大きな助けとなる。日常生活において、すべてのことについて十分に感謝するなら、決して病気にかかることはない。一日３回、食事をするたびに感謝し、朝目を覚ます時に感謝し、両親が自分を産んで育ててくれたことに対して感謝し、教師の教えにも感謝するなら、病にかからず、健康に過ごすことができる」
　アリゾナ医大の社会医学部長であり、タイム誌が選んだ、アメリカの一番影響力のある25人中の一人であるアンドルー・ワイルも、「自然治癒」についてこのように語っている。
　「一日３回、食事をするたびに、食べものに感謝する心を持つなら、それだけでも病のいやしに大きな助けとなる」

11│28

感謝の種を配達する郵便配達人

　サンフランシスコの小さな村に、ヨハンという郵便配達人がいた。彼は若いころから約50マイルの距離を毎日行き来し、郵便物を配達していた。
　ある日ふとヨハンは、土ぼこりでぼやけている荒涼とした道を見ながら、やるせない思いにとらわれた。
　「今まで一日も休まず、雨が降ろうが、風が吹こうが、雪が降ろうがこの道を通ってきたが、残りの人生もこうして荒れた道で過ごさなければならないのか……」
　花一輪もない道で、自分の人生が無意味に終わってしまうかもしれないと思うと胸が苦しくなった。
　ところが、しばらく道を歩いていると、ふとこのような考えが浮かんできた。
　「どっちみち自分に与えられた仕事なら、それが毎日繰り返されるからといって何を心配しているんだ。感謝の心で任された仕事をすればいいんだ。荒れた道を、美しい花道にすればいいじゃないか」
　彼は次の日から、野生の花の種をポケットにいっぱい入れ、郵便配達の合間に、花の種を道端のあちこちに蒔いた。それは、彼が50マイルの道を行き来する間、休むことなく続けられた。
　それからヨハンは、鼻歌を歌いながら郵便物を配達するようになった。彼が通る道の両側には、黄色、赤、ピンクの花が春先から秋の終わりまで咲いていた。春にはスイセン、すみれが咲き乱れ、夏にはなでしこやパンジー、秋にはコスモスや菊の花が村の道を美しく飾った。

その花を見ながら、ヨハンは、もう自分の人生が無意味だとは感じなかった。口笛を吹きながら、50マイルの色とりどりの花道を通って郵便物を配達する彼の後ろ姿を想像するだけでも微笑ましい。何とも美しい風景ではないだろうか。
　だれでも、彼のように感謝の種を配達する人になることができる。感謝の種を蒔いた分だけ、必ず私たちの周りは美しい花と実でいっぱいになり、感謝する人生へと変わっていくだろう。

幸せの門を開くカギ、感謝

　幸せとは、ないものに関心を寄せることではなく、あるもので満足することである。あるものを大切に思い、感謝する人が幸せな人生を送ることができる。ないものに対する不平が、あるものに対する感謝に変わる時、初めて幸せな人生になるのだ。

　たとえ他の人より貧しくても、あるもので満足し、小さくても自分の人生を満たしてくれるものがあることに感謝しながら生きること。これがまさに幸せなのだ。カール・ヒルティは彼の著書『幸福論』で、幸福の最初の条件として感謝を挙げている。

　「感謝しなさい。そうすれば若返ります。感謝しなさい。そうすれば発展します。感謝しなさい。そうすれば喜びがあります」

　たとえ小さなことでも、感謝できる心を持っている人は、幸福値も高くなる。人は幸せだから感謝するのではなく、感謝しながら生きるから幸せになるのだ。感謝は明らかに幸せの扉を開くカギである。

　「私は感謝をしない幸せな人に、一度も会ったことがない」

　　　　　　　　　　　　　　　ジグ・ジクラー

11/30

100万回の感謝

　テキサスで成功したある実業家が「神様、感謝します」という言葉を100万回書いた本を出そうと、出版社を訪ねた。本のタイトルは『百万回の感謝』だった。しかし原稿には、100万個の感謝の内容が書かれていたのではなく、「神様、感謝します」という言葉だけがびっしりと書かれていた。結局、どの出版社からも出版してもらえなかった。

　彼は、人生の中で起こったすべてのことに100万回でも感謝することが、人生の祝福と成功の秘訣であると伝えたかったようだ。なぜなら彼は、酒と女に溺れ、廃人になって死ぬ寸前だった。その時神様に出会って新しい人生を送るようになり、事業家としても成功したのだ。

　ハプニングとして終わった話ではあるが、もしこの本が出版されていたら、私は1冊買ったかもしれない。彼の心が、少しは理解できるからだ。私もやはり一度、神様の恵みがあまりにもうれしくて「神様、感謝します」という言葉をノートにぎっしり書いたことがある。胸がときめくような神様の愛と恵みを感じたことのある人なら誰でも、「神様、感謝します」という言葉を100万回は書くことができるだろう。

December **12** | **1**

12月は感謝の月

　カレンダーの最後のページを前にして、この1年を考えると、さまざまな思いがよぎり、感謝の心がわいてくる。

　大切な後輩のがんの手術のため、病院のICUに通った後は、健康の大切さを忘れていたことを反省し、今まで健康が守られ、自由に息をし、世界中を健康な体で心おきなく歩いていたことを神様に感謝した。

　たとえ多くを得ていなくても、入院していないということだけで、困難に遭っていないということだけで感謝しなければならないということを、病室で付き添っている時に悟った。

　平凡な日常を当然だと思い、思い通りにいかないことにすぐ不平を言い、小さなことも赦(ゆる)せずにすぐ怒り、忙しさを言い訳に親しい人たちを配慮できない、情けない姿を反省した。

　他人に迷惑をかけ、さびしい思いをさせたこと、配慮する知恵が足りなかった日々を反省し、12月を感謝の心で送りたい。

12 | 2

幸せは感謝する心に育つ

　アフガニスタンで、42日間拉致されて救出された、センムル教会のボランティア員たちのインタビュー記事を読んだ。彼らは、生死の境で一日一日を耐えなければならなかった死の苦痛や、1カ月以上同じ臭いのする服を着続け、暗い洞窟に閉じ込められてからだを洗うこともできず、トイレも満足に行けず、1つのジャガイモを8つに分けて食べながら飢えをしのぎ、ノミや蚊、小さな虫に悩まされるというひどい苦しみを味わった。

　ところが、そのような苦痛よりもっと耐えられなかったことは、自由に賛美と礼拝ができなかったことだという。彼らは、タリバンから解放されてから、自由に賛美をし、楽に座って喜びながら礼拝できることが、どれほど感謝なことなのかを初めて悟ったそうだ。

　また、食べたり飲んだりすることがどれほど大切なことかを悟り、電気のスイッチを入れると、冷たい浄水器の水が飲めるというささいなことに対しても感謝の心を持つようになったという。

　その通りである。幸せは感謝する心に育つのである。

12│3

狭い家に感謝

　この季節、冷たい雨が降る日や、強い風が吹きつける日には、急に謙遜な思いになる。何より、すべてのことについて感謝する人になる。
　この小さなからだを冷たい吹雪から守ってくれる、暖かい小さな家があることに、心の奥底からほのぼのと感謝の心がわき上がってくる。
　普段は、狭くて窮屈だと不平を言っている家だが、狭いおかげでより暖かく感じられるため、この狭い家が実に豊かに思えてくる。
　「小さなことへの感謝が天国への道である」
　真っ暗な夜に、誰かが明かりを照らしてくれたなら、その人にとても感謝するだろうが、地球上のすべての動植物が生きていくのに絶対的に必要な日光を下さる神様には感謝をせずに過ごしている。

　「世界は感謝する人のものである。そうして世界は、さらに美しいものとなる。私はそのように生きてきたし、これからもそのように生きていくだろう」
　レオ・ブスカーリア（『葉っぱのフレディ』の著者）

最後の避難所である家庭に感謝

「毎日パンを焼き、掃除をし、ほこりを拭い、これらすべてのささいなことが満足にできる家庭を与えてくださる神様に感謝である。

疲れたらゆっくり休み、夜になると優しい腕に抱かれるように心地良い眠りにつき、このすべての働きの中で私が受けている愛を神様に感謝する。

私の家庭、地上で最後の避難所である私の家庭に、神様がおられることを感謝する」

リディア・オー・ジャクソン

家庭を与えてくださる神様に感謝する人が、一番平凡でありながらも特別な感謝を知っている人である。喜びと悲しみを共にする家族に感謝しよう。家族に対する感謝は、人生に必要不可欠な活力源である。

親指1本でも感謝

　16年以上病床で過ごしたイリノイ州の64歳のおばあさんの話である。

　そのおばあさんは、常に痛みがあり、からだを少しも動かすことができなかった。しかし、おばあさんは、まだ右手の親指だけは動かすことができることを感謝し、喜んでいた。彼女は親指1本で、杖に結んだフォークを使って眼鏡をかけ、食事をし、ストローでお茶を飲み、聖書のページをめくったりした。そしていつもこのように言っていた。

　「私には感謝することがたくさんあります。すべての罪が赦(ゆる)されたので、救い主イエス様の大きな愛の中で思いきり横になって休むことができるのです。神様が私をこの地上で生かしておられる限り、ここで横になっていることに満足しています。また、神様が私を呼ばれるなら、いつでもこの地上を去る準備はできています」

12|6

すべての事について感謝

　「すべての事について感謝する」とはどのような意味だろうか。「どんな状況にあっても、すべてのことに対して」感謝せよということだ。

　「すべて」の中には、肯定と否定の両方が含まれている。喜びと楽しみだけでなく、悲しみと苦しみも含まれている。人間の喜びも悲しみも含まれているのが「すべて」である。

　「すべての事について感謝する」とは、否定的なことを超越し、絶対的な肯定を生みだすことを意味する。それは霊的な次元であり、神様の目で見る時にだけ可能なことだ。

　神様は、一生感謝する人生を、私たちすべてに義務として与えられた。多くの人が、イエス様を信じればすべてがうまくいき、万事が思い通りになると勘違いし、いつも感謝できるだろうと考えている。しかし、いざ思いもかけない事柄に遭遇すると、なぜこうなるのかと怪訝な顔をする。

　しかし聖書は、イエス様を信じたからといって、いつも良いことばかり起こるとは言っていない。むしろ苦難や逆境に遭った時にも、すべてのことについて感謝するよう教えている。

12/7

感謝！ さらに感謝！

休まず自転し、公転している地球に感謝。
今年も変わらず光を照らし続けててくれた
太陽に感謝。
今年、私が出した本を読んでくれた読者に感謝。
私の本を誠実に編集し、出版してくれた
出版社の方々に感謝。
つたない説教を聞いてくれた信徒に感謝。
私を安全に運んでくれた地下鉄、バス、タクシー、
新幹線、飛行機に感謝。
健康に育ってくれた2人の子どもと、
いつも励ましてくれた妻に感謝。
時には黙って、時には激励の言葉で応援してくれた
両親に感謝。
故障もせず、黙々とその機能を果たしてくれた
パソコンと自家用車に感謝。
特に、ボイラーが故障せず、暖かい部屋で
眠れることに感謝。

12|8

父の70歳の感謝

　何年か前、故郷で父の70歳のお祝いをした。その時私は、「一生感謝、70歳の祝い」という垂れ幕を作って、父の今までの人生を顧みながら、10の感謝を書いてみた。

　父の70歳のお祝いを、まず神様への礼拝から始めることができて感謝。

　父と母を神様の子どもとしてくれたことに感謝。

　両親とも健康で、70歳を迎えられたことに感謝。

　両親が仲むつまじく年を取っていることに感謝。

　自分で運転し、ソウルにいる子どもたちを訪ねて来られたことに感謝。

　一つの教会で生涯信仰生活を送っていることに感謝。

　4人の兄姉が皆信仰生活を送っていることに感謝。

　両親が子どもの助けなしに、孫にお小遣いをあげるほど経済力があることに感謝。

　2人の息子と2人の娘から生まれた孫たちを見ることができて感謝。

　70歳のお祝いに、牧師先生と友人を始め、多くの人を送ってくださり感謝。

12 | 9

私は（　　）に感謝

　次の文章は、マシュー・ケリーの『親密』という本の内容である。

　日常生活において感謝できる人が幸せになり、良い人間関係を持つことができるという事実を、高校教師である友人が学生たちに出した宿題を通して確信しました。
　彼が生徒たちに出した宿題の紙には、「私は（　　）に感謝します」という文が書かれていました。そしてその下には３つの項目がありました。

　事柄、人、それ以外のもの

　「事柄」は、自分が持っていて感謝できる物質的なもの、「人」は、自分が過去や現在に感謝すべきすべての人たち、「それ以外のもの」は、この２つに当てはまらない感謝すべきすべてのものです。

　すべて書き終えた後、教師は生徒たちに、毎日自分が書いたリストを４回ずつ読み上げるという宿題を出しました。昼食前、夕食前、寝る前、そして次の日の朝登校する前です。

　この宿題を続けた結果、生徒たちの表情が以前とは完全に違ってきたと言いました。「生徒たちは前より明るくなり、もっと笑うようになった。瞳はさらに大きくなり、行動もより活発になってきた」
　彼は、感謝する心が生徒たちの心に根付き、魂を温かくさせたためだと説明してくれました。

感謝の方法

　幸せな人生を願うのなら、小さな感謝に目が開かなければならない。幸せは、遠いところにあるのではなく、いつも近くにある。感謝も大きなことではなく、とてもささいなことから始めるのである。感謝の実践も、自分に一番近い人から始めなければならない。

　妻や夫、子どもや両親、職場の上司や先生、友人や同僚など……感謝は先延ばしにするものではない。少しでも助けてくれた人が思い浮かんだら、年の終わりに感謝を表してみてはどうだろう。メールで、手紙で、電話で、文章で、贈り物で、花束で……。

　「感謝します」という言葉は、私たちの心を幸せにし、周りの人の心を動かす力を持っており、祝福をもたらす言語である。

　感謝知らずの幸せな人はいない。

一番大きな感謝の条件

　感謝に目が開かれると、感謝は遠いところにあるのではないということが分かる。
　振り返ってみると、すべてのことが恵みであり、感謝だ。私には温かい家庭があり、頼れる両親や兄弟がいる。働く職場があり、日々の糧があり、着る服があり、自然の美しさがあり、礼拝をささげる教会があり、愛を分かち合う信徒がいる。だからこれらすべてが感謝の条件である。
　特に、救いを頂いたことは、一番大きな感謝の条件だ。
　そして、私たちが受ける困難や試みも、感謝の目で見るなら有意義な神様の贈り物となる。
　なぜなら神様は、試練や苦難の中に純金のような宝石を隠しておられるからだ。

12

聖書を下さり感謝

　神様の言葉である聖書を、いつでも手にして読むことができる時代に生きているということは、どれほど祝福なことであろうか。

　記録によると、13世紀、イギリスのエドワード一世の時代は、聖書1冊の値段が65ポンドであったそうだ。当時の一日の労働賃金が3ペンスだったことを考えると、1ポンドの価値は労働者の80日分の賃金に該当する240ペンスであった。

　よって、当時の聖書1冊の価値は、労働者の5200日（14年4ヵ月）の賃金に該当する。ウィクリフが聖書を英語に筆写した聖書1冊の値段も、公務員の1年間の年棒に値した。しかし、印刷技術が発明されてから、市民の手にも入るようになった。

　今日、私たちはわずか一日足らずの賃金で、母国語に翻訳された聖書を簡単に購入し、読むことができるのだから、どれほど感謝なことであろうか。

ハバククの感謝

「喜びだけでなく、悲しみにも感謝しよう。
成功だけでなく、失敗にも感謝しよう。
希望だけでなく、絶望にも感謝しよう。
持っているものだけでなく、ないものにも
感謝しよう。
豊かな時だけでなく、足りない時にも感謝しよう。
勝利だけでなく、敗北にも感謝しよう。
健康だけでなく、からだの痛みにも感謝しよう。
いのちだけでなく、死にも感謝しよう」

　すべてを失い、さらに自分のいのちさえ失いそうな時にも、心を尽くして感謝するというハバククの告白は美しい。このように、救いの神様を自分の主人とする人は、喜び楽しみ、感謝することができる。

　「あなたがすべてのものを手に入れることができないとしても、あなたが持っているものに最善を尽くして感謝しなさい」

エマーソン

12 | 14

感謝を妨げる敵

　私たちが感謝できない大きな理由は「欲」である。
　「人の欲はとても深く、際限がないので、神さえも人の欲を満たすことができない」という冗談がある。この世のもので満たすことができないもの、それが人間の欲である。人は何かを強く望み、それを手に入れても満足せずに他のものを欲しがり、さらに多くのものを望んで、不幸の泥沼にはまっていくのだ。
　欲と感謝は共存することができない。欲はサタンに属し、感謝は神に属しているからだ。神の恵みを一瞬にして不平に変えてしまうのが欲である。ある程度の欲は人生の意欲を呼び起こすが、行き過ぎた欲は不幸を招く原因となる。
　だからこそ私たちは、聖書に登場するパウロの告白のように、満ち足りるすべを知らなければならない。
　「私は、貧しさの中にいる道も知っており、豊かさの中にいる道も知っています。また、飽くことにも飢えることにも、富むことにも乏しいことにも、あらゆる境遇に対処する秘訣を心得ています」（ピリ４：12）

高所得者の言葉

　アメリカで一番お金になる言葉は「I am sorry（すみません）」だという調査結果が発表されたことがある。

　米世論調査機関ゾグビー・インターナショナルが7590名を対象に調査した結果、年俸10万ドル以上の高所得者が年間2万5000ドル以下の貧困層より、2倍多く謝罪をしていることが分かった。

　感謝をすることのできる人だけが、「ごめんなさい」「すみません」と言うことができる。反面、自信のない人、劣等感で心がいっぱいの人は決して「すみません」と言うことができない。

　自信にあふれ、感謝をする人は、常に感謝する心で人生を生きている。すべてが神様の恵みであり、感謝の条件であるからだ。

　今日も「すみません」「ありがとう」を一日に100回以上言って、高所得者になろう。

12/16

ゼロの感謝

　まことの感謝は、無条件の感謝である。

　無条件の感謝は、ヨブのようにゼロの状態で始めなければできない。心を空っぽにして、すべて神様から頂いたものであると告白する時、私たちはゼロから感謝を始めることができる。

　もちろん、ゼロから人生をやり直す人はそう多くないだろう。すでに私たちはあまりにも多くのものを所有し、それを楽しみながら生きている。しかし自分が所有し、楽しんでいる現在のすべてのものが、自分の能力や努力によるのではなく、神様から頂いたものであるということを認める人だけが、ゼロの感謝をささげることができる。

　戦争で息子を失った夫婦が、痛みを乗り越えて教会に出席し、神様に高額の感謝献金をささげた。封筒には次のような感謝の言葉が書かれていた。

　「素晴らしい息子を20年間私たちのそばに置いてくださり感謝します。そして息子の魂を受け取ってくださることを感謝します」

　息子を失い、神様を恨むこともできただろうが、この夫婦は「ゼロの感謝」をささげた。彼らは息子と共に、20年もの間積み上げた大切な思い出が、神様からの贈り物だと考えたのだ。

神様が作る最高の傑作

　比較は、人間が選択できる一番愚かな行為である。
　私は格好悪い。私はとても太っている。私はとても背が低い。私は頭が良くない。私は良い大学に行けなかった。私は家柄が良くない。私はお金がない……
　すべて、他人と比較することによって出てくる自己卑下の声である。私たちは、自分が持っているものにではなく、他人と比較することにすべての関心を注ぐ。
　だから、このように比較意識にさいなまれるたびに、神様の言葉を覚える必要がある。
　「あなたはわたしの愛する子どもであり、わたしが作った最高傑作だ」
　また、周りの愛する人に、このように言ってはどうだろうか。
　「あなたはこの世で最高の人です。あなたはとてもすばらしい人です。私はあなた一人がいれば十分です」
　感謝をすると、自分が誰とも比較できない、神様の傑作であるということを悟るようになる。

神様を一番喜ばせる言葉

　ブラジル人は、「オブリガード（ありがとう）」という言葉をたくさん口にする。

　家庭や会社で、暇さえあれば「オブリガード」と言っている。日常生活で一番多く使われる単語がオブリガードだ。どんなに言葉数が少ない人でも、一日に平均10回以上はオブリガードと言うそうだ。

　アメリカ人も、やはり一番多く使う言葉は「サンキュー」だ。

　老若男女を問わず、生活の中の小さなことにも「サンキュー」と言う。アメリカで一番多く使う単語50個を選んだのだが、その中でも「サンキュー」は28％を占め、最もよく使う単語として選ばれたという。感謝がからだに染みついているのかもしれない。

　成人になると、平均２万6000個の単語を知るようになると言われているが、その中で、他人を一番喜ばせる言葉は「ありがとう」だ。

　もちろん、神様を一番喜ばせる人間の言葉も「ありがとう」である。

12/19

人生の法則

　私たちは、他人の言葉には簡単に腹を立てて傷を受けるのに、自分が使う言葉には気を遣わない。自分が発する言葉によって、相手が深い傷を負い、うめいていたとしてもだ。カイコが、自分の口から出る糸で家を作って生きるように、人も自分の口から出る言葉で自分の人生を作り上げているのだ。
　フローレンス・スコヴェル・シンという人は、次のように言った。
　「他人に与えるものは、必ずいつか戻ってくる。人生はブーメランだ。私たちの考え、言葉、行動は、いつになるかは分からないが、必ず返ってくる。そしてそれらは、不思議なことに自分自身に命中する」
　不平の言葉も、感謝の言葉も、いつかは山びことなり、自分の人生に戻ってくる。
　それが人生の法則だ。

　「みだらなことや、愚かな話や、下品な冗談を避けなさい。そのようなことは良くないことです。むしろ感謝しなさい」（エペソ5：4）

20

水は答えを知っている

　以前ベストセラーになった『水は答えを知っている』（江本勝著）という本は、私たちが語る一言が、人間だけでなく、水にも非常に大きな影響を与えるという興味深い実験結果を紹介している。

　実験によると、コップ１杯の水を前に、それに向かって感謝と愛を表現すると、水は一番美しい結晶、すなわち完全な六角形を作るという。そしてその水を飲むと、私たちのからだに免疫力がつき、さらに健康になるという。

　しかし、コップの水にイライラをぶつけ、悪口を言うと、水の結晶は粉々に崩れ、人体に害を与えるそうだ。さらに驚くべきことに、さまざまな言語でサタンという文字を書き、水の入ったコップの上に乗せておくと、水の六角形がすべて崩れ、水の結晶に穴ができたという。

　ところが反対に「愛している」「ありがとう」という文字を置くと、水は完全な六角形に変わったそうだ。

　愛と感謝を表現した時、水は気高い品位を増し、ダイヤモンドのように輝かしい光を放ったのだ。

　興味深いことに、感謝と愛の中で、どちらがより完全な六角形を作るか実験をしてみたが、感謝の結晶が愛の結晶より、力と影響力の面で２倍も強かったという。

「巨智牧師」宣言

イ・ジュンピョ牧師は、「イエス様に本当に従おうとするなら、まず自分が徹底的に死ななければならない。私がキリストと共に死ねば、キリストと共に生きる」という「死ぬ信仰」を主張していた方だった。この世を去る前、この先生は、その信仰通りに生きるため、「巨智宣言」をした。

これは漢文で、「大きな悟り」という意味だが、言葉の通り、乞食（韓国語でコジ）のように生きるという意味も込められている。この言葉通りに生きるためには、自分の人生を完全に明け渡さなければならなかった。

彼は息子の留学費用を教会の助けなしに工面するため、生涯お金に苦労した。しかしわずかに手元に残った貴重な通帳さえ、後に感謝献金としてささげた。彼は通帳をそっくり献金した後、とても感謝して手をたたいて次のように言った。

「生涯牧師として生き、このように１年に１億ウォン以上をささげることができる日が来て感謝します」

明け渡したのは、これだけではなかった。病気と闘っていた師は、たんすの扉を開いて、神様が２枚の上着を持ってはならないと言われた言葉を黙想し、服をすべて整理した。

「病気にかかったからこそ悟ったことですが、やはり感謝しなければならないでしょう」

12|22

苦難は謙遜と感謝を学ぶ機会

　私たちは、人生で経験する多くの痛みを、不平の道具程度に考えがちだ。具合が悪くて病院に入院している間は、いらいらして不平を言っても大丈夫だと考える。
　しかし、信仰の先輩たちの人生を見ると、肉体的な病や人生の失敗は、決して不幸や絶望だけでは終わらないことを学ぶことができる。むしろ苦痛の長いトンネルを抜け出した時、彼らの苦痛は鍛練を、鍛練は忍耐を、忍耐は愛と感謝を生み出し、後世の模範となったのだ。結局、痛みと苦痛の月日は、失うものより、ずっと多くのものを得させてくれる。
　若くして『キリスト教綱要』を記し、世を驚かせたジョン・カルヴァンも、「歩く総合病院」だった。およそ25種類の病気を持っていた彼は、からだが痛くて夜も眠れなかった。眠れないので祈るしかなく、祈るとインスピレーションが与えられ、このように深い真理を悟った本を書くことができたのだ。このように病は、私たちに苦難を通して謙遜と感謝を学ぶ機会を与えてくれる。

人生はでこぼこ道の旅

　ニューヨークのブルックリン教会を担当していたエバンズ牧師は、24カ月の間結腸がんと闘い、この世を去った。彼が残した闘病中の4つの信条は、私たちが苦痛の中にいる時、どのような姿勢で心を治めなければならないかを教えてくれる。

　1．私は決して不平を言わない。
　2．私は家の雰囲気を明るく保つ。
　3．私が受けた祝福を数えて感謝する。
　4．私は病を有意義なことに変える。

　いずれにせよ、私たちの人生には平地だけが用意されているのではない。上り坂と下り坂が続く、でこぼこ道を旅するのだ。病の苦痛を抱いて下り坂を駆け下りる時、神様と共に感謝してその道を楽しむことができるなら、神様は、上り坂の喜びも味わわせてくださるだろう。

12|24

私は感謝を知らない人だった

　アメリカ、テキサス州のジャックリン・サブリードという女性は、生死をさまよったが奇跡的に助かり、感謝の人生を生きる人の模範となった。彼女は、感謝できなかったころを振り返り、このように助言している。

　「私は感謝を知らない人だった。いつもひねくれた目で不満なことはないかと探し、ぶすっとした態度で、すべてのことを見ていた。
　なぜ私の髪のつやは、もっと美しくならないのかしら？
　なぜ私の肌は、もう少しきれいでないのかしら？
　なぜ私の目は、もう少し大きくないのかしら？
　なぜ私の鼻は、もう少し高くないのかしら？
　なぜ私の背は、もう少し高くないのかしら？
　なぜ私のからだは、もう少しやせていないのかしら？

　素敵で格好がいいから友だちに好かれるというわけでもないのに、私はそんな愚かな考えで自分をいじめて、1分1秒も惜しいはずの人生を浪費してしまった。
　なぜ分からなかったのか？　愛し、いつくしみ、大切に思ってこそ、ようやく本当の美しさを手に入れることができるということを。手遅れになる前に悟ることができて、本当に感謝している。
　私は自分自身を愛している。私として生きる、私の人生を愛している」

12/25

赤子のイエス様がいないクリスマス

　クリスマスイブの日、アメリカの小さな町で起こった出来事である。
　その年は、町の人が皆1カ所に集まってクリスマスパーティーを開く予定だった。そのため、市庁前の広場に舞台を作り、イエス様の誕生の場面の模型を設置しておいた。
　ところがパーティの直前、かいばおけに寝かせるはずのイエス様の人形が見当たらなかった。
　そこで皆で赤子のイエス様の人形を探すことにし、市全体にこのような放送を流した。
　「赤子のイエス様を探しています。どこにあるのか知っている方は、すぐに連絡してください」
　何回か放送した後、セットの片すみに、誰かが遅れて持ってきた赤子のイエス様の人形を見つけた。こうしてイエス様と一緒に楽しいパーティが始まった。
　この事件は、私たちに大切な教訓を与えてくれる。それは、イエス様のいないクリスマスパーティは何の意味もないように、私たちの人生にも、イエス様がいなければ意味がないということである。
　今日一日、私たちのためにこの世に来てくださったイエス様に特に感謝し、祝福のクリスマスを過ごそう。

12/26

パウロのとげの感謝

　パウロは、キリスト教宣教のために受けた自分の苦難について、コリント教会の人たちにこのように言っている。
　「……牢に入れられたことも多く、また、むち打たれたことは数えきれず、死に直面したこともしばしばでした。ユダヤ人から三十九のむちを受けたことが五度、むちで打たれたことが三度、石で打たれたことが一度、難船したことが三度あり、一昼夜、海上を漂ったこともあります。幾度も旅をし、川の難、盗賊の難、同国民から受ける難、異邦人から受ける難、都市の難、荒野の難、海上の難、にせ兄弟の難に会い、労し苦しみ、たびたび眠られぬ夜を過ごし、飢え渇き、しばしば食べ物もなく、寒さに凍え、裸でいたこともありました」
　　　　　　　　　　　　　（Ⅱコリント11：23～27)

　パウロはまた、アジアで受けた苦難が非常に耐え難いものだったため、生きる望みさえなくなって、まるで心に死刑宣告を受けたようだったと告白している。
　しかし苦しい状況に負けることなく、彼が口を開くたびに強調した言葉は「感謝」だった。パウロは自分のすべての手紙で、すべてのことについて感謝することを、くり返し強調している。
　「神が造られた物はみな良い物で、感謝して受けるとき、捨てるべき物は何一つありません」（Ⅰテモテ4:4)

子どもの感謝と成熟した人の感謝

　バラの花の感謝が子どもの感謝であるとすると、とげの感謝は成熟した人だけがささげることのできる、次元の高い感謝であると言える。

　10本の指のうち、1本にでもとげが刺さると、そこにすべての神経が行き、他のことを考える余裕がなくなる。同じように、たとえ10の感謝することがあっても、一つ残念なことがあると、感謝できないのが私たちの人生だ。一つのつらいことが、10の感謝を封じ込めてしまうのだ。

　だからこそ、10のバラの花の感謝より、一つのとげの感謝は難しく、大切な感謝なのである。バラの花に100回感謝することより、とげのために苦痛を受けている時に1回感謝をささげることを神はより喜ばれ、祝福してくださる。

　とげは私たちを刺して苦しめる周りのものすべてである。しかしとげのために私たちがひざまずいて感謝することができるなら、それはパウロの告白のように、私たちをさらに成熟した人へと作り変える恵みの贈り物となるのだ。

12/28

神のみこころによって建てられた講堂

　自動車王のヘンリー・フォードが、アイルランドの首都ダブリンを訪問した時のことだ。滞在中ある孤児院を訪問したが、そこの子どもたちのために講堂を建てる約束をし、そのために必要な2000ポンドを寄付すると言った。

　しかし次の日、ヘンリー・フォードの寄付に関する一面記事が、図らずも地方新聞に次のように掲載されてしまった。

　「ヘンリー・フォード会長が、孤児院のために2万ポンドを寄付すると約束しました」

　2000ポンドが2万ポンドと、間違って記載されてしまったのだ。この事実を知った孤児院側はすぐにフォード氏を訪ね、丁寧に謝罪した。そして新聞に訂正記事を載せると言った。しかしフォード氏は、微笑みながらこう言った。

　「そのままにしておいてください。すべて神様のみこころではないでしょうか。新聞記事に載った通り、2万ポンドを寄付しましょう。その代わり、孤児院の講堂が完成したら、講堂の入り口に、こう書いてください。『ヘンリー・フォードの思いではなく、神様のみこころによって建てられた講堂』」

12 | 29

人生の 100 の感謝

　ある日、憂鬱な気分だったので、適当に聖歌を開いてあれこれと聖歌を歌い始めた。そして「のぞみも消えゆくまでに」という賛美を歌い始めた

　のぞみも消えゆくまでに　世のあらしに悩む時
　　数えてみよ　主の恵み　なが心はやすきをえん
　　数えよ　主の恵み　数えよ　主の恵み
　　数えよ　一つずつ　数えてみよ　主の恵み

　「数えてみよ、主の恵み」という歌詞が何度も胸に響き、くり返して歌うたびにだんだん賛美に力が込もり、歌詞の内容が深く心に迫ってきた。そして結局、神様が私の人生に下さった 100 個もの祝福を数えて書くという恵みまで味わうことができたのである。
　弱い時にこそかえって強くなる、神様の恵みにとても感謝である。

12|30

ダニエルががけっぷちでささげた感謝

「ダニエルは、その文書の署名がされたことを知って……日に三度、ひざまずき、彼の神の前に祈り、感謝していた」（ダニエル6：10）

ダニエルは、祈れば殺されること、感謝すれば殺されることを知っていた。それでも彼は最後まで祈り、最後まで感謝した。薄氷を踏むような危機の中にあっても、感謝は彼の口から離れることがなかった。結局最後まで屈せず、感謝をささげて祈ったため、ダニエルは獅子の穴に入れられた。

しかし神様は、お腹をすかせた獅子の口をふさいで、彼を獅子の穴から救い出された。その代わりに、ダニエルを殺そうと陰謀を企てた人たちが、獅子の餌食となった。

こうして死を目前にしても感謝をささげたダニエルは、ダリヨス王とクロス王の時代まで繁栄した祝福の人となった。

神様は、到底感謝することができない状況で感謝をする時、奇跡を起こしてくださるのだ。

古い手帳を閉じると

　いつの間にか、１年間の手あかのついた古い手帳を閉じる日が来てしまった。

　ゴマ粒のように小さく書かれた１年間のスケジュールは、私の人生の歩みであり、人生を映し出す鏡である。泣いたり笑ったり、旅行したり運動したり、文章を書いたり人に会ったり、メッセージをしたり……

　ぎっしりと書かれた手帳には、どうしてこんなにたくさんのことを消化することができたのかと思うほど、人生の痕跡がそのまま残っている。手帳に書かれてある多くの教会と多くの人たちとは、恐縮な思いで祈りつつ仕えた、私の人生の足跡である。つたない文章と下手な話術で、どうしてこんなにたくさんの教会と信徒に仕えることができたのか、自分でも信じられないほどだ。すべて、神様の恵みであり、感謝である。

　この１年、私と共に忙しく歩んでくれた古い手帳は、私の喜怒哀楽を抱いて、思い出の博物館である本棚に収められることになるだろう。

　新しく取り出したきれいな手帳を見ながら、新年には幸せな微笑みが詰まった、胸が温かくなる感謝の話でいっぱいになることを祈ろう。

一生感謝 365 日

2013 年 11 月 20 日　初版発行
2022 年 12 月 12 日　2 版発行

著　者　ジョン・クゥアン
訳　者　吉田英里子
印　刷　モリモト印刷株式会社
発　行　小牧者出版
　　　　〒300-3253　茨城県つくば市大曽根 3793-2
　　　　TEL: 029-864-8031
　　　　FAX: 029-864-8032
　　　　E-mail: info@saiwainahito.com
　　　　http://saiwainahito.com

乱丁、落丁はお取り替えいたします。
Printed in Japan ©小牧者出版 2013　ISBN978-4-904308-09-7